新时期
知识产权法治保护研究

孙敬良◎著

郑州大学出版社

图书在版编目(CIP)数据

新时期知识产权法治保护研究/孙敬良著．— 郑州：郑州大学出版社，2021.8
ISBN 978-7-5645-8057-5

Ⅰ.①新… Ⅱ.①孙… Ⅲ.①知识产权保护–研究–中国 Ⅳ.①D923.404

中国版本图书馆 CIP 数据核字(2021)第 156100 号

新时期知识产权法治保护研究
XINSHIQI ZHISHI CHANQUAN FAZHI BAOHU YANJIU

策划编辑	邰 毅	封面设计	曾耀东
责任编辑	邰 毅	版式设计	苏永生
责任校对	张若冰	责任监制	凌 青　李瑞卿

出版发行	郑州大学出版社有限公司	地　　址	郑州市大学路40号(450052)
出 版 人	孙保营	网　　址	http://www.zzup.cn
经　　销	全国新华书店	发行电话	0371-66966070
印　　刷	郑州宁昌印务有限公司		
开　　本	710 mm×1 010 mm　1 / 16		
印　　张	13	字　　数	220 千字
版　　次	2021 年 8 月第 1 版	印　　次	2021 年 8 月第 1 次印刷
书　　号	ISBN 978-7-5645-8057-5	定　　价	58.00 元

本书如有印装质量问题，请与本社联系调换。

谨以此书献给吾儿孙梓桐,盼其今后在求学的道路上尊重知识,崇尚创新、克明俊德,知止后安,方知科学之堂奥,人文之浩瀚。而后,博士、院士道路之行可敬、可期、可盼,可搏之。

——父:孙敬良寄语

作者简介

孙敬良,河南许昌人,1988年2月生,中共党员,许昌学院法学院副教授,2016年7月进入许昌学院法政学院工作,兼任河南省郑州智联人才交流研究中心许昌工作站负责人,许昌市政协智库首批专家,许昌市人民检察院民事行政诉讼监督案件专家委员会专家,河南省公务员考试命题组成员,河南省法学会党内法规研究会常务理事,许昌市法学会行政法研究会常务理事。

近两年来,在《人民日报理论版》《社会主义研究》《中国农业大学学报》《华南农业大学学报》发表学术权威论文30篇,其中CSSCI期刊9篇,中文核心期刊9篇,出版个人专著2部,参编国家"十三五"规划教材2部;参与国家社科基金2项,主持省部级课题4项、厅级以上课题27项;获得厅级以上科研奖励10项,2020年荣获河南省优秀社科成果三等奖,多次曾获许昌学院"优秀共产党员""优秀教师""优秀教育工作者"等荣誉称号。

前　言

本研究工作分为五个分课题分别展开:知识产权保护体系;知识产权保护立法;知识产权司法保护;知识产权替代性纠纷解决机制;反知识产权滥用。经过近两年的研究,取得的初步研究成果摘要如下。

当前,我国知识产权的保护环境显著改善,知识产权保护效果大幅提升;知识产权保护制度更加完善,知识产权法律制度不断完善;知识产权司法保护的作用进一步提高,知识产权行政保护和其他社会治理机制进一步优化;知识产权保护制度更加完善,知识产权法律制度不断完善;知识产权司法保护的作用进一步提高,知识产权行政保护和其他社会治理机制进一步优化;知识产权保护对提升我国竞争力的激励作用充分显现,知识产权保护国内外满意度均大幅提高。

知识产权保护、严格保护、快速保护和共同保护的格局已初步形成。在知识产权立法方面,中国建立了符合国际公认法规并完全适应中国国情的知识产权法律体系。充分体现了司法保护知识产权的领导作用,知识产权审判制度改革取得了举世瞩目的成就,司法保护知识产权的国际影响力和社会满意度得到明显提高。在行政执法方面,已建立起覆盖全国的知识产权行政执法队伍,并形成了联合执法、跨区域执法协作机制,"雷雨""天网"等知识产权执法专项行动卓有成效。以知识产权调解、仲裁为主的替代性纠纷解决机制框架已基本建立,行业自律、民间维权平台、知识产权信用体系建设等新型社会治理手段已初显成效。在加强知识产权保护的同时,知识产权滥用问题近年来亦受到关注,知识产权反垄断法规和反垄断机构已初步建立。

同时,我国知识产权保护工作还存在一些问题。如:在知识产权立法方面,立法的体系化尚显不足,基础性立法有待突破,全球治理体系构建的参与度有待提升;在知识产权司法保护方面,还存在着"举证难""赔偿低""执行难"等短板;在知识产权行政保护方面,行政执法体制需要进一步深化改革,行政执法队伍素质有待提升,行政执法与刑事司法衔接机制的法治化程度不高。在知识产权替代性纠纷解决机制方面,尚未建立统一的、专门的相关法律制度,机构设置过于零散,公众认可度不高,诉讼与非诉讼纠纷解决机制间衔接不够顺畅;行业自律执行效果有限,业内信用制度亟待完善;在知识产权制度建设上,主要问题是知识产权司法保护与行政保护以及替代性纠纷解决机制之间的关系尚未得到完全理顺,相互联系的机制亟待完善。在反知识产权滥用方面,立法过于分散,各类型知识产权客体和权利的界限不够明确。

综上所述,我国未来强国战略中知识产权保护领域的重点任务有如下几点:第一,加快完善知识产权立法。促进知识产权立法的系统化,及时完成基本知识产权法律的制定;提升立法的科学性,完善立法机制,提高立法水平和效率;推进立法的现代化,积极探索制定新技术领域、新商业模式的知识产权保护规则。积极参与国际知识产权规则的制定,增强中国在全球知识产权治理中的参与度和发言权。第二,进一步推进知识产权司法保护。继续深化知识产权审判体制改革,推动知识产权审判体系现代化。完善知识产权证据规则,增加侵权赔偿;加强人员交流和培训,促进智能法庭建设,促进知识产权审判能力的现代化。第三,进一步优化知识产权行政保护。进一步深化知识产权管理体制改革,提高知识产权行政执法队伍的执法能力和专业素养。第四,优化知识产权保护体系。构建科学合理、立足中国、适应未来、面向世界的知识产权保护体系,制定新法律、创设新制度,构建知识产权保护平台,为知识产权提供"严大快同强"保护。第五,加强反知识产权滥用。制定和完善有关法律法规,合理界定各类知识产权客体和权利的界限,防止滥用知识产权制度实施垄断或不正当竞争,维护公平竞争秩序和公众合法权益。

今后亟待实施的重点措施与重点工程有以下几个方面。

(1)改进知识产权立法。实施知识产权基础性立法工程,加快制定《知识产权基本法》和《知识产权法典》。建立立法过程的部门意见协调机制,健全公众对立法的制度化参与渠道,引入知识产权立法后评估机制。

(2)完善知识产权司法。在适当的时候增加知识产权法院,以扩大跨地区的管辖权;加快民事,行政和刑事审判的知识产权"三合一"改革;推动司法审判机制不断改革创新;推进审判智能化建设;完善举证和侵权损害赔偿制度。

(3)优化知识产权行政执法。推动新领域新业态知识产权行政保护立法,深化综合性知识产权行政执法体制改革,实施项目,增强知识产权行政执法队伍能力,实施重点领域重点产品知识产权行政执法保护项目,制定《知识产权行政执法与刑事司法衔接条例》。

(4)强化和创新知识产权替代性纠纷解决机制。整合优化现有资源,重点建设和引进若干家权威性、国际化的知识产权调解、仲裁机构。探索构建在线纠纷解决机制(ODR)。建立行业知识产权自律机制,推动全国知识产权信用体系建设工程。

(5)完善知识产权保护体系。推动知识产权司法保护与行政保护协调并举;建立知识产权保护防范预警机制;实施境内知识产权特殊保护工程;推进海外知识产权护航工程;自贸区知识产权专门保护工程

(6)加强防范知识产权滥用。及时修订专利、商标、著作权以及集成电路布图设计和植物新品种等典型形态知识产权的专门法律和有关法规,适时调整当中的权利限制内容;做好商业秘密、遗传资源和传统知识等非典型形态知识产权制度运行过程中的滥用风险识别与防范工作;着重防范新技术和新业态背后数据信息的不合理集中与独占,注重对人工智能算法的监管,防止新技术被用于实施垄断、不正当竞争或其他违法行为;继续制订和完善知识产权领域的反垄断执法指南和各类专门的执法和司法指导性文件。

目 录

第一章　知识产权保护体系 ………………… 1
第一节　知识产权保护体系的主体架构 ………… 1
第二节　知识产权保护体系的指导思想 ………… 3
第三节　知识产权保护体系的基本思路 ………… 7
第四节　知识产权保护体系的理论依据 ……… 12
第五节　知识产权保护体系的主要范畴 ……… 17
第六节　知识产权保护体系的提升元素 ……… 23
第七节　知识产权保护体系的协调措施 ……… 28

第二章　知识产权立法保护 ………………… 34
第一节　加强知识产权立法的体系化 ………… 35
第二节　提升知识产权立法的科学性 ………… 43
第三节　促进知识产权立法的现代化 ………… 53
第四节　实现知识产权立法的国际化 ………… 63

第三章　知识产权司法保护 ………………… 73
第一节　知识产权司法保护的基本理论 ……… 73
第二节　知识产权司法保护的环境分析 ……… 79
第三节　知识产权司法保护的比较分析 ……… 82

第四节　知识产权司法保护的现状分析 …………… 90
　　第五节　知识产权司法保护的创新完善 …………… 102
第四章　**知识产权替代性纠纷解决机制** …………… **109**
　　第一节　知识产权纠纷调解机制 …………………… 109
　　第二节　知识产权仲裁制度 ………………………… 123
　　第三节　知识产权新型替代性纠纷解决机制 ……… 135
第五章　**防止知识产权滥用制度** …………………… **148**
　　第一节　防止知识产权滥用制度概况 ……………… 148
　　第二节　防范知识产权滥用的比较分析 …………… 159
　　第三节　防范知识产权滥用的必要性、可行性分析 … 171
　　第四节　防范知识产权滥用的意见征求 …………… 180
参考文献 ………………………………………………… **194**

第一章 知识产权保护体系

第一节 知识产权保护体系的主体架构

构建知识产权强国战略,是我国知识产权战略2.0版本,是我国未来15年(2020—2035)知识产权重要的战略机遇期。

在此15年期间,中国需要面临来自国内外的双重挑战:来自美国的挤压和来自国内经济成长的瓶颈突破。解决来自国内外的双重挑战,行之有效的举措就是"发展"——发展才是硬道理。中国未来15年的发展,就是党的十九大报告提出的"高质量发展",即创新发展。在此15年间,来自美国的挤压主要就是科技的挤压、贸易的挤压和市场的挤压。迎接挑战并且必然胜利的唯一有效保障就是中国共产党的正确领导。在中国共产党的正确领导下,通过知识产权保护体系建设,必然能够取得最后的胜利。

未来15年,为了实现知识产权强国目标,我国的知识产权保护体系的主体架构是:

(1)常规知识产权保护体系,即以司法保护为主导,构建司法保护与行政保护协调并举,民事仲裁、社会调解、自力救济以及多元纠纷解决机制相配合。

(2)与常规知识产权保护体系相配套,还需要建立以下保护机制:

①知识产权保护预警防范机制。建立知识产权征信系统,将故意实施知识产权侵权行为、抢注商标行为、假冒专利商标行为、反复实施知识产权侵权行为等纳入征信系统。

②境内知识产权特殊保护机制。为了保护我国知识产权不受来自外来商品或者服务的侵害,建立相应的法律规则,发起对进口产品侵犯我国知识产权的行为以及进口贸易中的其他不公平竞争进行调查。在实践中,任何涉及专利、商标、版权、集成电路布图设计或中国企业其他知识产权侵权的侵权调查都可以提起。其他形式的不正当竞争行为包括侵犯商业秘密、假冒产品、虚假广告以及违反反托拉斯法。

(3)除此之外,对于进入中国市场的外国知识产权商品或者服务,可能对中国相应的企业、行业或者国家安全已经造成损害或可能造成损害,或具有潜在损害的,应当发起相应的危害国家安全、行业或者企业内生发展的调查机制。

①海外知识产权护航机制。中国企业海外知识产权护航机制,主要是指中国应制定类似于美国1988年《全面贸易和竞争法》第301～310条的内容的机制。其主要含义是保护中国的国际贸易权利,并对其他贸易惯例"不合理"被认为是"不公平"国家的报复。根据这种机制,我国可以对已经决定采取"不公平"贸易做法的其他国家进行调查,并可以与已确认不公平做法的国家的政府进行磋商。最后,中央政府将决定采取关税提高,进口限制措施,并停止相关的复仇措施。

②自贸区知识产权专门保护机制。2013年以来,中国已经批准成立中国(上海)自由贸易试验区(2013年)、中国(广东)自由贸易试验区、中国(天津)自由贸易试验区、中国(福建)自由贸易试验区3个自贸区(2015年)、中国(辽宁)自由贸易试验区、中国(浙江)自由贸易试验区、中国(河南)自由贸易试验区、中国(湖北)自由贸易试验区、中国(重庆)自由贸易试验区、中国(四川)自由贸易试验区、中国(陕西)自由贸易试验区(2017年)和中国(海南)自由贸易试验区(2018年)。这些自贸区具有"境内关外"之特征。在自贸区内的知识产权保护,需要构建与自贸区相适应的知识产权保护体制机制。

根据自贸区规则,从境外进入自贸区的货物只是入境货物或者过境货物,而不能认为是进口货物。根据我国《知识产权海关保护条例》第2条规定,对进出口货物,海关有权进行知识产权检查。但是对于进入自贸区尚未办理入关手续的货物,海关实行备案制管理免于办理通常的报关手续。因此,进入自贸区的货物侵犯了我国的知识产权,又没有办理进口申报手续,自贸区海关就面临着对这样的货物采取相应措施的问题。因此,知识产权强国战略应当就自贸区知识产权保护建立相应的法律规范,搞好自贸区知识产权保护。

（4）防止知识产权滥用,保护公平竞争。近年来,由标准必要专利引发的"专利劫持""专利蟑螂"或者"专利滥诉"等现象十分普遍,同时还存在诸如反向抢劫标准必要专利之类的滥用问题,这些滥用导致知识产权保护与知识产权滥用之间的权利冲突。在建立知识产权保护制度的同时,要正确处理知识产权滥用之间的关系。因此,我们需要在市场监督管理总局设立专门的公平交易局,全面理清知识产权保护、知识产权垄断、知识产权竞争与知识产权滥用的关系,充分利用反不正当竞争法和反垄断法的调整方式。

第二节　知识产权保护体系的指导思想

构建以司法保护为主导,司法保护与行政保护协调并举,民事仲裁、社会调解等多元纠纷解决机制相配合的知识产权保护体系的指导思想是:体系科学、适合国情、适应未来、面向世界。

（1）构建科学的知识产权保护体系。知识产权保护制度的建设必须完善知识产权法律法规体系,完善知识产权司法保护制度,加强知识产权行政执法,以常规知识产权保护体系为主线,以诸配套保护机制相结合,全方位加强知识产权的保护。

习近平总书记在 2018 年 2 月 24 日第十九届中央政治局第四次集体学习会议上讨论宪法的实施情况时指出:"要用科学有效、系统完备的制度体系保证宪法实施。"从习总书记对宪法实施制度体系的要求可以认识到,科学性是特定制度体系得以发挥功能的重要属性。知识产权保护体系的科学性应体现在以下几个方面:一是完备性,系统完备要求与知识产权保护相关的立法、司法和执法的基本制度应该具备,不应有所缺漏;二是有效性,有效性要求知识产权保护体系能够服务于体系构建的整体目标,即全方位加强知识产权保护;三是协调性,内在协调要求组成知识产权保护体系的立法体系、司法体系、执法体系等保持协调一致,既包括不同体系间的协调,亦包括单个体系内部的协调。

"党的十八届四中全会制定了推进全面依法治国的顶层设计、路线图、施工图。党的十九大对新时代推进全面依法治国提出了新任务,明确到2035年,法治国家、法治政府、法治社会要基本建成。"①有关"法治"的重要性,习近平总书记多次谈及。2017年5月3日习近平总书记在中国政法大学考察时指出:"全面依法治国是坚持和发展中国特色社会主义的本质要求和重要保障,事关我们党执政兴国,事关人民幸福安康,事关党和国家事业发展。"2018年8月24日,习近平总书记强调:"历史和现实都告诉我们,法治兴则国兴,法治强则国强"、"无论是实现'两个一百年'奋斗目标,还是实现中华民族伟大复兴的中国梦,全面依法治国既是重要内容,又是重要保障。"

"知识产权制度在本质上是一项法律制度,是国家法律体系的重要组成部分;知识产权事务管理和环境治理作为一种国家治理活动,具有现代法治的基本要求。"②因此,知识产权保护科学体系的建立要紧紧围绕"法治"理念,从立法、司法、执法三个方面全方位展开,即健全知识产权法规体系、完善知识产权司法保护体系、加强知识产权行政执法。

(2)构建适合国情的知识产权保护体系。应分析我国知识产权保护体系中现存的问题,并以此构建具有中国特色的知识产权制度。习近平总书记指出,"全面推进依法治国必须走对路。要从中国国情和实际出发,走适合自己的法治道路,决不能照搬别国模式和做法"。国情现状是我国依法治国制度设计的出发点与立足点,亦是我国知识产权保护体系设计的出发点与立足点。2018年4月13日,习近平总书记在庆祝海南建省办经济特区30周年大会上强调:"解放思想不是脱离国情的异想天开,也不是闭门造车的

---

① 选自习近平2018年8月24日在中央全面依法治国委员会第一次会议上的讲话。

② 吴汉东:《新时代中国知识产权制度建设的思想纲领和行动指南——试论习近平关于知识产权的重要论述》,《法律科学》2019年第4期。

主观想象,更不是毫无章法的莽撞蛮干。要坚持解放思想和实事求是的有机统一,一切从国情出发、从实际出发。"因此,我国知识产权保护体系的设计要从中国知识产权保护的国情出发,从我国知识产权保护的现实问题出发,设计出真正适合中国的知识产权保护体系。

"我国经济已由高速增长阶段转向高质量发展阶段,正处在转变发展方式、优化经济结构、转换增长动力的攻关期,建设现代化经济体系是跨越关口的迫切要求和我国发展的战略目标。"①中国经济发展进入新常态,从表面上看是经济增长减速换档,实质上是动力转换,创新驱动,完成这一转型关键在于改变经济发展动力,其基本路径就是发挥知识产权激励和保障创新发展的制度功能。② 在此国情现状下,加强知识产权保护,构建"严大快同强"的知识产权保护体系具有重要意义。2018 年在世界各国 GDP 排名中,美国以 GDP 总量 1 386 727.254 亿元居第一位,我国以 900 598.068 5 亿元居世界第二。③ "从发展趋势看,我国经济长期向好的基本面和韧性好、潜力足、回旋余地大的基本特质没有变",④国际货币基金组织在 2019 年 4 月发布的《世界经济展望》中预测,在 2020 年之后,中国和印度的经济将实现强劲增长,两国的全球收入权重将增加,而随着美国财政刺激的影响消退,发达经济体的经济增长将逐步放缓。⑤ 清华大学国情研究院发布的《2030 中国:迈向共同富裕》中预测,我国 2030 年的经济总量将稳居世界第一,占全球经济总量 1/3,成为世界经济强国。此国情下,我国有底气建立水平更高的知识产权保护机制,如境内知识产权特殊保护机制、海外知识产权护航机制等。

(3)构建适应未来的知识产权保护体系。知识产权保护体系的构建要

---

① 参见《党的十九大报告》。
② 参见吴汉东:《经济新常态下知识产权的创新、驱动与发展》,载《法学》2016 年第 07 期。
③ 参见世界经济信息网,http://www.8pu.com/gdp/ranking_2018.html
④ 参见王一鸣:《我国经济何以长期向好》,新华网,来源人民日报,http://www.xinhuanet.com/politics/2019-01/23/c_1124028967.htm
⑤ 参见国际货币基金组织《世界经济展望》,https://www.imf.org/zh/Publications/WEO/Issues/2019/03/28/world-economic-outlook-april-2019

具有前瞻性,要考虑到我国知识产权事业未来发展趋势,设计出能够适应2021—2035年知识产权保护工作的保护体系。

2018年11月18日,习近平总书记在在亚太经合组织第二十六次领导人非正式会议上指出:"站在历史前进的十字路口,我们应该认清世界大势,把握经济脉动,明确未来方向,解答时代命题。"2017年5月15日,习近平总书记在"一带一路"国际合作高峰论坛圆桌峰会上强调:"'一带一路'建设根植于历史,但面向未来。"2016年10月27日,习近平总书记在十八届六中全会第二次全体会议上要求:"我们要从历史、现实、未来的走势中判断我国经济所处的方位、发生的变化,这样才能保持坚定自信和战略定力,朝着正确方向稳步前行。"从总书记的话中可以看到,"未来"二字一直是我国制度构建、任务安排、政策导向关注与考虑的重要因素。

知识产权具有易变性。首先,知识产权制度易受技术变革的影响。其次,知识产权制度容易受到国际形势的影响。经济全球化引发了世界知识产权的整合,在世界贸易组织与各个知识产权国际公约的运作下,各国的知识产权立法都需要不断按照国际公约的要求调整本国知识产权制度。再次,知识产权的易变性要求知识产权保护体系应具有前瞻性,能够适应未来我国知识产权的发展状况。

知识产权保护体系需要适应未来,应看到以下方面我国知识产权事业的未来发展环境:一方面,科技革命的影响将进一步加深。"以互联网、大数据、人工智能为代表的新一代信息技术日新月异,给各国经济社会发展、国家管理、社会治理、人民生活带来重大而深远的影响。"[1]另一方面,国际政治经济发展环境将更加复杂。"全球治理体系深刻重塑,国际格局加速演变。同时,全球发展深层次矛盾突出,保护主义、单边主义思潮抬头,多边贸易体制受到冲击,世界经济整体发展环境面临诸多风险和不确定性。"[2]为应对这一困境,中国不仅要建立事前保护的知识产权预警和预防机制,而且要建立国内知识产权保护制度,防止中国知识产权受到外国商品侵权服务的机制,

---

[1] 参见习近平2018年5月26日致中国国际大数据产业博览会的贺信。
[2] 参见习近平2018年11月18日在亚太经合组织第二十六次领导人非正式会议上的发言。

建立海外知识产权特殊保护机制,并做好保护工作自由贸易区的知识产权。

(4)构建面向世界的知识产权保护体系。知识产权保护体系的构建要致力于发出中国声音,提出中国方案,贡献中国智慧,掌握世界知识产权格局变化的主导权。

习近平强调:"中国将继续积极推进'一带一路'建设,加强同世界各国的交流合作,让中国改革发展造福人类。中国将继续积极参与全球治理体系变革和建设,为世界贡献更多中国智慧、中国方案、中国力量,推动建设持久和平、普遍安全、共同繁荣、开放包容、清洁美丽的世界,让人类命运共同体建设的阳光普照世界!"习近平总书记在会见来华出席"全球首席执行官委员会"特别圆桌峰会的知名跨国企业负责人时谈及:"经济全球化对世界经济发展作出了重要贡献,已成为不可逆转的时代潮流。我们将秉持共商共建共享的全球治理观,继续发挥负责任大国作用,积极参与全球治理体系改革和建设,为改革和优化全球治理注入中国力量。"习近平总书记指出:"全球治理体系正处于调整变革的关键时期,我们要积极参与国际规则制定,做全球治理变革进程的参与者、推动者、引领者。"从总书记的话中可以看出,中国的发展在立足国情的同时,亦放眼世界,中国始终作为负责任的大国与世界共享机遇、共谋发展。

中国知识产权大国的建设目标是:到2020年,中国成为知识产权创造,应用,保护和管理水平较高的国家,知识产权大国的地位将进一步巩固。知识产权强国建设的基础性工作全面完成;到2030年我国的知识产权能力、绩效、环境等综合实力位列世界前三,与美国、日本同等的成为世界知识产权领头国并共同掌握世界知识产权格局变化的主导权。完成这一目标,我国需要以强大的知识产权实力为基础,展现本国知识产权的国际影响力,掌握国际知识产权制度建设的话语权。因此,配合我国知识产权强国建设战略的知识产权保护体系一定要是面向世界的,致力于发出中国声音、提出中国方案、贡献中国智慧。

第三节 知识产权保护体系的基本思路

知识产权保护体系的构建既能够适应我国经济发展、科技进步、文化繁荣的需要,也能够应对国际知识产权纠纷的解决,统筹国内和国际两个大局,建立既适合我国国情又能够面向世界的知识产权保护体系。在国内,"中国经济已经从高速增长阶段转变为高质量发展阶段。"我们必须"加强知识产权的创造,保护和使用",努力实现"更高质量,更高效,更公平,更可持续的发展"。就知识产权保护而言,在经济转型的关键时期,知识产权保护体系的构建也应当着重提升知识产权的质量,以适应我国经济、科技高质量发展的需要为目标,这不仅要求要继续优化常规知识产权保护体系,还要建立能够保证常规知识产权保护体系实施的相关体制机制。在国际上,美、日、韩、欧盟等经济体不断加大知识产权国际执法力度,强化知识产权行政执法体系建设和使用,如美国频繁使用"337调查""特别301条款"等,此外国际刑警、海关等国际组织也纷纷强化知识产权执法内容。针对这些国外不公平、不合理的知识产权制裁,我国也应当建立相对应知识产权保护体系,遵循"提升知识产权质量,适应我国经济高质量发展,建设创新型国家"的基本思路。

(一)提升知识产权质量

自《国家知识产权战略纲要》实施以来,中国高度重视知识产权保护,已建立起符合国际通行规则和适应中国国情的知识产权法律体系,但仍然存在着"管理分散、效率不高;大而不强、多而不优;保护不严、环境不优;转化不活、渠道不畅"等问题。习近平总书记在十九大报告中明确指出,有必要"强化知识产权创造、保护、运用"。

1.高水平地创造知识产权

(1)完善知识产权创造的激励机制。人们对知识产权的使用和经济利益的回报没有给予足够的重视,导致低质量专利驱逐高质量专利,降低了创造者的创新动力。在此情形下,应当完善知识产权创造的激励机制,加大科研人员专利申请激励力度,对重点行业和领域实行适当倾斜,引导提升知识产权的实用性和价值。改善我国知识产权服务机构的能力和水平,构建新的考核体系以驱动知识产权质量的提升。

(2)继续优化知识产权结构。近几年,我国知识产权申请量、授权量逐年提升,但知识产权质量的增幅却未能与之并肩。在构建知识产权保护体系时,应优化知识产权结构,在提升知识产权数量的同时,要继续打造核心专利、知名品牌、版权精品,实现"量值齐升"的局面,助力由"中国制造"向"中国创造"的转变。

2. 高效率地运用知识产权

(1)破除制约知识产权运用的体制机制障碍。强化知识产权运用首先要从制度层面上破除一切制约知识产权运用的体制机制,修改现有法律法规,废除阻碍知识产权交易和转让的制度,夯实知识产权运用的基础条件,全面提升知识产权运用能力。

(2)完善促进技术转化的法律法规。据《国家知识产权战略纲要实施十周年评估报告》显示,高校科研机构有效专利转让率许可率均较低。为了有效促进技术转化,应当首先完善相关的法律法规,加快推进科研机构立法,增强科技体制改革举措的稳定性和持续性,明确科研机构在国家创新体系中的定位,形成新的国家科技创新管理秩序。

(3)建立统一的信息服务平台。一方面,要建立信息共享平台。加强各类知识产权客体信息公共服务平台建设,构建和完善信息公共服务和交流平台。另一方面,要建立一站式服务平台,利用新技术建立专门的知识产权数据库,促进研发者与使用者信息对称,推动知识产权的创造、运用和管理。这主要是指在专利方面,必须找到一个适用于大部分专利的模板样利库,定义出需要的内容,排除不需要的杂质,最终形成一种结构化数据,保证各类社会主体便利、及时、有效地获取基础数据,吸引民间资本投资开发高附加值的专利信息。

3. 高标准地保护知识产权

(1)立法上提高知识产权保护的标准。习近平总书记在主持召开中央财经领导小组第十六次会议强调,"要完善知识产权保护相关法律法规,提高知识产权审查质量和审查效率。要加快新兴领域和业态知识产权保护制度建设"。因此,加强知识产权立法保护至少包括两个方面的含义:其一,要进一步完善现有知识产权法律,加大知识产权侵权违法行为惩治力度,引入惩罚性赔偿制度,提高违法成本,以创造国际一流的营商环境。其二,要加快新兴领域和业态知识产权保护的法律建设,完善知识产权相关法律制度,加强新业态新领域创新成果的知识产权保护。其三,一方面,针对国外在我国境内侵犯知识产权的行为,应建立有效的体制机制进行查处、处罚;另一方面,在遭受不合理待遇时,可以及时有效地采取相应的手段对国外企业进行知识产权制裁。

(2)司法上强化知识产权保护。深化审判体制机制改革,促进知识产权审判体制机制向专门化和现代化方向发展,继续推动知识产权审判"三合一"改革。继续深化知识产权智慧法院的建立,进一步加强技术实施,大力加强信息化建设,探索运用虚拟现实技术、现实增强技术、远程变焦视频技术等,解决证物展示以及大型证物远程勘验等问题。同时探索建立诉讼材料电子寄交、裁判文书电子送达机制,通过在线方式开展部分诉讼程序,方便诉讼当事人,提高诉讼效率。加强知识产权行政保护,设立专门的知识产权行政执法机制,保护公平竞争秩序,防止知识产权滥用。

(3)加强行政审查和行政执法。在行政审查方面,行政审查部门应当严格执行专利审查标准,加大对非正常申请专利行为的监管力度。加强注册商标监管,严厉打击商标囤积、恶意抢注等扰乱市场秩序的行为,缩短商标审查周期、建立优质便捷高效的商标注册体系。将新技术运用到知识产权审查中,由新技术辅助人类完成专利申请审查和商标注册申请审查,提高知识产权授权质量、速度和水平。在行政执法方面,2018年7月31日,国家知识产权局制定了《"互联网+"知识产权保护工作方案》,深入实施"互联网+"知识产权保护,通过源头追溯、在线识别、实时监测,提高保护效果。继续加强新技术在行政执法上的运用,帮助查处在海关、网络环境下的知识产权侵权行为。

(二)适应我国经济高质量发展

习近平总书记在十九大报告中指出:"我国经济已由高速增长阶段转向高质量发展阶段,正处在转变发展方式、优化经济结构、转换增长动力的攻关期,建设现代化经济体系是跨越关口的迫切要求和我国发展的战略目标。"在这个经济转型的关键时期,知识产权保护体系的构建应当能够服务于经济高质量的发展。

(1)我国经济发展转型的现状。经济发展是国家的生命线,当下中国经济发展正处于"爬坡过坎"的关键阶段,已经进入经济发展的增速换档期风险凸显期和升级机遇期。这一时期从表面上看是经济增长减速换档,但是从本质上则是发展动力的转换和重塑,一个显著的变化就是要素的规模驱动力减弱,经济增长将会更多地依赖科学技术的进步。

(2)知识产权体系构建对经济发展的作用。在经济转型的重要时期,打造中国经济升级版,实现从世界大国向世界强国的转变,关键在于改变经济发展动力、提高经济发展质量,其基本路径就是发挥知识产权激励和保障创新发展的制度功能。知识产权保护体系的构建应服务于经济发展的需要,紧密结合我国经济社会发展的需要,为我国经济转型构建完善的制度保障,引领创新创业发展,推动传统产业转型升级。

(三)建设创新型国家

(1)知识产权制度在各国产业创新中都发挥着重要的作用。2015年美国发布的《美国创新战略》中要求,"要建立强有力的知识产权体制和平衡的反垄断制度保护创新""完备的知识产权制度能够确保在创新的各个阶段对创造者发挥激励作用并吸引重要投资";在20世纪80年代,韩国政府提议将其经济发展战略从"贸易一个国家"转变为"通过科学技术建立一个国家"。在21世纪,随着知识产权实力的不断增强,韩国开始以建立知识产权强国为目标,强化政府的知识产权管理。

(2)知识产权保护体系的建设要适应创新驱动发展战略的需要。党的十八大提出"实施创新驱动发展战略,强调科技创新是提高社会生产力和综合国力的战略支撑,必须摆在国家发展全局的核心位置"。必须要能够适应我国创新驱动发展战略的需要,用知识产权制度推动科技创新、管理创新、商业模式创新、业态创新、文化创新。

(3)知识产权保护体系的建设为科技进步保驾护航。知识产权法基于科技革命而生,伴随着科技革命而变化,其制度史本身就是一个法律制度创新与科技创新相互作用、相互促进的过程。从历史进程来看,近现代工业化的发展经历了以下几个阶段:蒸汽时代、电气时代、信息时代和智能时代,可以说近现代工业化的进程就是科技不断进步的过程。在工业经济时代,知识产权是现代科学技术和商品经济的产物,为资产所有者提供了获取财产的新途径。在知识经济时代,知识产权是现代科学技术进步和市场经济发展的动力,"知识之家"是知识产权的保护者。在智能革命时代,知识产权体系的构建也应为技术的发展保驾护航,保障科技进步和科技创新。

第四节 知识产权保护体系的理论依据

(一)知识产权保护体系:以司法保护为主导

2008年6月国务院印发的《国家知识产权战略纲要》将"加强司法保护体系和行政执法体系建设,发挥司法保护知识产权的主导作用"作为战略重点之一。2014年12月,国务院发布《深入实施国家知识产权战略行动计划(2014—2020年)》,把"知识产权保护体系更加完善,司法保护主导作用充分发挥"作为主要目标之一。2015年元旦前夕,习近平在新年贺词中指出,"司法是公平正义的最后一道防线",主导知识产权司法保护的作用,确立知识产权保护就是保护创新思想。2019年6月2日国务院新闻办公室发表《关于中美经贸磋商的中方立场》的白皮书专栏中指出中国高度重视知识产权保护,重视发挥知识产权司法保护的主导作用,取得显著成效。发挥司法保护知识产权的主导作用,是党和政府从国家战略高度出发,结合我国经济社会发展总体状况,在总结知识产权事业发展和知识产权保护规律基础上做出的战略决策。

知识产权司法保护,主要是指自然人、法人或者其他组织通过司法途径请求司法机关(即人民法院)保护其由知识产权所产生的合法利益,司法机关依法适用法律对知识产权侵权纠纷进行审理和裁判,并采取临时保护等相应的救济措施。在特定情况下,知识产权的司法保护包括知识产权的刑法保护,民法保护和行政保护。具而言之,当自然人、法人或者其他组织的知识产权利益受到他人不法侵害时,受害者可以直接向人民法院提起民事诉讼、行政诉讼,甚至包括刑事自诉案件的刑事诉讼,以求获得司法保护。

知识产权是私权,私权属性决定了知识产权的权利保护和救济手段适用民法的基本原则和基本制度。"私法自治"作为民法的基本理念,要求只有当事人之间的纠纷无法解决时,国家才以仲裁者的身份出面裁决。对于侵犯知识产权的行为,国家机关应依照权利人的请求介入,而不能主动出击。司法保护即是应请求的被动保护,符合"私法自治"的基本要求。

知识产权保护体系以司法保护为主导是司法本质属性与知识产权保护规律的内在要求。知识产权行政机关不仅管理商标注册、专利授权等知识产权授权、确权的事项,同时还拥有知识产权案件的调解、裁决及查处知识产权违法行为的权力。管罚一体使行政权力缺乏监督,而知识产权司法保护具有程序公正、裁判权威等优势,能够有效克服上述弊端。划定知识产权案件当事人的行为界限,为处理类似纠纷提供重要的依据和指导。根据我国有关法律规定,司法保护是权利人谋求法律保护的最后一道屏障,因而,知识产权司法保护是权利人寻求救济的最终环节,具有终局的救济效力,比其他知识产权保护方式更具权威性。

(二) 知识产权保护体系:司法保护与行政保护协调并举

有关知识产权行政保护的依据,在 1995 年 1 月 1 日生效的《与贸易有关的知识产权协定》中有明确规定。该协定第 42～49 条规定了"民事和行政程序及补救行政程序",涉及各成员对知识产权采取民事和行政救济。第 51～60 条规定了"与边境措施相关的特殊要求",实际上就是各国海关可以依据其职权对侵犯知识产权货物的进出口进行执法检查,对涉嫌侵犯知识产权的货物中止放行等相应的处置。2018 年 7 月 25 日习近平总书记在金砖国家工商论坛上谈道:"我们将加强知识产权保护,加大执法力度,提高违法成本,鼓励企业间正常技术交流合作,保护所有企业合法知识产权。"2019 年 4 月 26 日习近平总书记在第二届"一带一路"国际合作高峰论坛开幕式的主旨演讲中指出:"中国将着力营造尊重知识价值的营商环境,全面完善知识产权保护法律体系,大力强化执法,加强对外国知识产权人合法权益的保护。"行政保护一直是我国完善知识产权保护体系,加强知识产权保护的重要手段。

知识产权行政保护应是行政机关采用行政手段对知识产权实行的全面法律保护。全面保护的意义在知识产权国际规则中也有所体现。因此,知识产权的行政保护应主要包括三个方面的内容:一是知识产权市场行政执法,即知识产权行政执法,就是指各级各类知识产权行政机关查处假冒专利、假冒商标、假冒他人署名以及其他侵犯他人知识产权的具体行政行为。二是知识产权的行政调处,即各级各类知识产权行政机关根据涉案当事人的请求处理知识产权侵权纠纷、调解知识产权权属纠纷、合同纠纷的具体行政行为。三是知识产权授权确权,即国家专利(商标)行政机关依据法律规定对专利(商标注册)申请进行审查,对符合条件的申请决定授予专利权或者核准注册商标的具体行政行为,以及依据法律规定对专利权宣告无效或者商标注册宣告无效进行审查并做出决定的具体行政行为。

与知识产权的司法保护相比,知识产权的行政保护具有不同的特点:一是主动性。与司法保护中的"不告不理""谁主张,谁举证据"制度相比,执法是行政机关的法定职责,行政机关在管理过程中需要以积极的行动主动履行职责。对知识产权纠纷应该依法进行调解、裁决,积极化解矛盾。二是效率性。为了实现有序管理,保护特定利益,在依法行政的前提下,效率是行政保护追求的重要目标。行政执法主体需要按照法定的程序在法定时限内执法,对行政相对人的各项请求及时做出回应,对各种行政事务及时做出执法反应。而司法保护以公平为优先的价值追求,在效率与公平的选择上,往往是公平优先而兼顾效率。三是手段多样性。政府可以综合运用多种手段保护知识产权,既包括做出抽象行政行为,如制定保护知识产权的其他规范性文件,也还包括做出具体行政行为,如行政许可、行政处罚、行政裁决、行政调解和海关的特殊保护等。与司法保护相比,行政保护的方式灵活多样。四是效力先定性。行政机关做出的行政行为,从法律上推定是合法有效的且必须执行,即所谓的行政行为的效力先定原则。该原则能够保证行政机关快捷有效地确认权利,解决纠纷,打击侵权行为,保护权利人合法权益,维护知识产权秩序。① 知识产权行政保护与司法保护的不同特性既显示出行政手段在知识产权保护过程中的重要意义,亦决定了行政保护与司法保护二者相互补充、协调运作的必要性。

我国的知识产权行政保护在我国的知识产权保护体系中发挥了重要作用。例如,我国每年由法院受理的各类知识产权案件呈逐年递增态势。

---

① 曲三强、张洪波:《知识产权行政保护研究》,《政法论丛》2011年6月第3期。

2017年我国各级法院新收各种类型的知识产权案件23万多件,比2016年上升33.50%;①2018年,新收知识产权案件33万多件,比2017年上升41.19%。② 但是我国各级知识产权行政机关、版权管理机关、海关等受理处理的各种类型知识产权纠纷可能超过百万件。2018年,我国知识产权行政保护力度进一步加强,组织开展了专利领域的"护航""雷霆"专项行动;商标领域的"溯源"专项行动;版权领域的第14次"剑网2018"专项行动,在打击知识产权侵权方面取得了重要成果。③ 更重要的是,中国的知识产权竞争市场仍处于增长阶段,还存在着各种类型不规范侵犯知识产权、假冒专利商标、冒充他人专利商标的行为,迫切需要知识产权行政机关给予行政执法、市场监管和行政处罚。

知识产权行政保护,并不是具有中国特色的保护方式,在其他许多国家也都有类似的做法。例如,美国对知识产权进行行政保护或者干预,首先是根据1974年的《综合贸易竞争法案》(后来经过修订)第301条款(包括特殊301、超级301条款)每年对其贸易伙伴(世界上的其他国家)对其国民知识产权保护状况进行统计、分类、发布并采取相应的措施(协商、谈判、关税惩罚)进行报复。其次是美国根据其1930年的《关税法》第337条规定,经常对其他国家出口到美国的涉及知识产权的商品进行评价,如果认为进口的这些商品可能妨碍、危害或者损害其产业、行业利益,就会针对该国商品发起"337调查",然后根据调查结果给予关税惩罚。再次是美国对中国发动贸易战,其导火索或者抓住的把柄就是指责中国政府对美国知识产权保护出现了问题:强迫美国企业向中国企业转让技术、盗窃美国的知识产权以及危害美国国家安全。

---

① 参见最高人民法院2018年4月19日发布的《中国法院知识产权司法保护状况(2017年)》。

② 参见最高人民法院2019年4月22日发布的《中国法院知识产权司法保护状况(2018)》。

③ 参见《2018年中国知识产权保护状况》,国家知识产权局发布,http://www.sipo.gov.cn/gk/zscqbpsx/1138890.htm,2019年7月13日访问。

(三)知识产权保护体系:以民事仲裁、社会调解、自力救济等多种保护形式相结合

2014年中国共产党第十八届中央委员会第四次全体会议指出:"健全社会矛盾纠纷预防化解机制,完善调解、仲裁、行政裁决、行政复议、诉讼等有机衔接、相互协调的多元化纠纷解决机制。加强行业性、专业性人民调解组织建设,完善人民调解、行政调解、司法调解联动工作体系。"在重点任务部分指出"要建立知识产权纠纷多元解决机制,加强知识产权仲裁机构和纠纷调解机构建设"。在多元化纠纷解决机制中,除知识产权司法保护与行政保护之外,知识产权替代性纠纷解决机制(ADR)是十分重要的补充,其主要包括谈判、仲裁和调解。

知识产权替代纠纷解决机制在知识产权案件中应用的优势在于:一是更贴合要求。处理案件的法官了解相应的技术背景与专业知识,以保证裁判的公正性,但主要从事法律工作的法官很难同时掌握相关专业技术知识。而替代性纠纷解决机制可以依据不同领域选择相应的专业人士介入解决纠纷,从而弥补诉讼这方面的局限性。二是简单快捷。替代性纠纷解决机制的当事人可以自由选择纠纷的解决方式与流程,最终避免因知识产权确权判断与侵权判定分离产生的漫长的诉讼周期。三是保密性更强。一般替代性纠纷解决机制中纠纷解决的过程以及结果都不对外公开,有的国家或地区还在法律中对替代性纠纷解决机制程序中相关人员的保密义务做出了规定。① 四是结果更具互利性。无论是依靠双方商讨的谈判程序还是存在第三方主持者的调解或仲裁程序,最终达成的解决方案都建立在充分考虑双方当事人利益的基础上。

在国际范围内,利用替代性纠纷解决机制解决知识产权纠纷的做法已逐渐兴起。例如,《美国专利法》规定:"有关任何专利权益之契约中,可包含专利有效性或侵权纠纷得透过仲裁解决之约定,如契约中并无上述内容约定,当事人可另以书面同意以仲裁解决纠纷";欧盟仲裁中心专门储备了有

---

① 詹映、邱亦寒:《我国知识产权替代性纠纷解决机制的发展与完善》,《西北大学学报(哲学社会科学版)》2018年第5期。

关知识产权的调解人或仲裁员专家库;日本建立起了专门的"日本知识产权仲裁中心"。①

目前我国现有综合性仲裁机构和专门仲裁机构受理知识产权案件,司法调解、行政调解和人民调解等多种知识产权调解形式。2018年我国继续健全知识产权多元化纠纷解决机制,推进知识产权纠纷仲裁调解试点工作,其间共创建(培育)20家调解组织,组建了一支约370名兼职调解员的人才队伍,成功调解案件5700余件,确定了首批29家知识产权仲裁调解机构。未来知识产权替代性纠纷解决机制作为不同于司法保护与行政保护的知识产权保护形式,将成为我国知识产权保护体系的重要组成部分。

第五节 知识产权保护体系的主要范畴

我国知识产权保护在整体上主要存在以下不足:首先,我国知识产权保护力度尚待加强,侵权代价和违法成本需要提高,以增加对知识产权侵权行为的威慑;其次,司法保护、行政执法、仲裁调解等多种渠道合力保护知识产权的格局尚未形成;再次,知识产权审查、确权效率不高,权利人维权代价过大;最后,知识产权创造、保护与应用水平尚待加强。一言以蔽之,我国现行知识产权保护存在"松、小、慢、异、弱"的问题亟待解决。因此,未来我国知识产权强国战略应以构建知识产权的严保护、大保护、快保护、同保护和强保护为战略目标。严保护是指要加大知识产权保护力度,提高侵权代价和违法成本,震慑违法侵权行为;大保护是指构建知识产权"大保护"的工作格局,和有关部门一起综合运用审查授权、行政执法、司法保护、仲裁调解等多种渠道,形成知识产权保护的合力;快保护是指实现快速审查,快速确权、快速维权的协调联动,让知识产权所有者能以更小的代价有效维权。

(一)知识产权严保护

知识产权严保护是指要加大知识产权保护力度,提高侵权代价和违法

---

① 李宗辉:《论知识产权案件的替代性纠纷解决机制》,《暨南学报(哲学社会科学版)》2015年第2期。

成本,震慑违法侵权行为。中国之所以坚决严格依法保护知识产权,这不仅是履行国际规则,也是中国创新发展的内在需求。首先,中国作为世界最大的发展中国家,当前正处于经济提质升级的关键阶段,必须采取更严格的知识产权保护,强化经济发展的内在激励。保护知识产权就是保护创新,保护创新人才的热情,这对国家发展乃至世界文明的进步都具有重要意义。当前世界各国都在把创新作为引领发展的第一动力,发展中国家如果不依靠创新几乎没有可能实现转型。其次,虽然在世界知识产权组织等机构发布的2018年全球创新指数排名中,中国列第17位,较2013年上升了18位,但是中国目前与发达国家相比仍然有很大的差距,需要学习发达国家的先进技术。再次,在新产业革命中,各方应优势互补,共育创新、共推创新、共享创新,在严格保护知识产权的基础上,支持企业基于市场原则和商业规则开展创新合作,协力加速新产业革命进程。最后,我国知识产权保护不严、侵权多发的现象仍待改观。知识产权法律法规亟待完善,知识产权保护效果与社会期待仍有差距。知识产权维权成本高、侵权代价低的问题依然存在,知识产权侵权多发、易发现象未能得到有效遏制。知识产权行政保护在部分地区存在弱化和边缘化的趋势,司法裁判与行政执法之间的关系未能充分明晰,各机构部门之间的工作衔接机制有待完善。为此,提出以下建议。

(1)适应形势发展需要,完善现有法律规定,加大知识产权保护力度。一是完善著作权法。首先,加大著作权侵权的赔偿力度,显著提高违法成本,充分显示法律威慑作用。建议:引入惩罚性赔偿,对反复侵权、恶意侵权行为,赔偿额可在权利人实际损失、侵权人实际获益或许可费合理倍数基础上增加至1~5倍;完善法定赔偿,将法定赔偿的上限从50万扩大到100万,并规定赔偿的下限,增加对中小侵权者的威慑力度。其次,更加重视网络环境中的著作权保护问题,建议在著作权法中明确网络服务商的"通知—删除"义务,明确网络服务提供者在明知和应知状态下的侵权责任。二是完善专利法。首先,加大专利权侵权的赔偿力度,大幅提高违法成本,充分显示法律威慑作用。建议:引入惩罚性赔偿,对故意侵犯专利权且情节严重的,赔偿额可在权利人实际损失、侵权人实际获益或许可费合理倍数基础上增加至1~5倍;完善法定赔偿,将法定赔偿数额从现行专利法规定的一万元到一百万元提高为十万元到五百万元,增加对中小侵权者的威慑力度。其次,为应对不断增多的网络专利侵权现象,建议明确网络服务提供者对网络专利侵权的连带责任。三是规制知识产权滥用行为。完善规制知识产权滥用行为的法律制度,制定相关反垄断执法指南。完善知识产权反垄断监管机制,依法查处滥用知识产权排除和限制竞争等垄断行为。完善标准必要专利的公平、合理、无歧视许可政策和停止侵权适用规则。

(2)加大知识产权侵权行为惩治力度。一是发挥司法保护的主导作用,完善行政执法和司法保护两条途径优势互补、有机衔接的知识产权保护模式。加强知识产权行政监督和执法保护,增加行政执法机构的移交和知识产权法院受理刑事案件的力度,大大增加了知识产权侵权的成本。二是加强知识产权的行政执法保护。作为知识产权保护的重要组成部分,专利行政执法具有手续简、周期短、效率高、成本低等优势,因此加强知识产权执法保护,进一步推进侵犯知识产权行政处罚案件信息公开,对加大知识产权侵权行为惩治与威慑作用显著。三是加大国际展会、电子商务等领域知识产权执法力度。四是开展与相关国际组织和境外执法部门的联合执法,加强知识产权司法保护对外合作,推动我国成为知识产权国际纠纷的重要解决地,构建更有国际竞争力的开放创新环境。借此威慑侵权者不敢侵权,使侵权者显露在阳光下,寸步难行。

(二)知识产权大保护

知识产权大保护是指构建知识产权"大保护"的工作格局,与有关部门通力合作,综合运用审查授权,行政执法,司法保护,仲裁和调解等多种渠道,形成保护知识产权的联合力量。当前,中国在知识产权保护模式上还存在以下缺陷:一是尚待建立全面的知识产权管理和统一的行政执法体系机制。知识产权管理和执法机构众多,导致多个部门之间权力不清,给企业带来极大的不便和高昂的成本。在执法领域,多层和多层执法问题突出。二是知识产权司法保护与行政保护之间的联系机制不畅通的现象仍然存在,案件难以转移,仍然存在惩罚而不是惩罚。尚未建立大案咨询通知制度和信息共享平台。三是知识产权保护方式还有待进一步完善,知识产权保护还没有纳入社会权利保护的一般方式。这主要体现在社会信用体系对知识产权侵权的反应迟钝。尽管一些知识产权法院通过发布典型案例为信用体系提供"黑名单",从而揭露了典型的侵权单位和个人,但总的来说,知识产权仍然不在信用体系之内。

(三)知识产权快保护

知识产权快保护是指实现快速审查,快速确权、快速维权的协调联动,让知识产权所有者能以更小的代价有效维权。需要强化知识产权快保护主要基于以下原因:首先,我国知识产权申请数量连年攀升,审查与授权工作压力更大。2017年,中国发明专利申请量达138.2万件,同比增长14.2%,连续7年位居世界第一。受理的PCT国际专利申请量为51000件,同比增长12.5%,居世界第二位。商标注册申请574.8万件,同比增长55.72%,连续16年居世界首位,有效商标注册总量1492万件;全年作品、计算机软件著作权登记量分别达到200.2万件、74.54万件,同比分别增长25.15%、82.79%。其次,我国知识产权保护存在维权难的问题,突出表现出维权手段单一(法院受理的知识产权案件逐年攀升)、维权周期较长、维权成本较高且效益较低等问题。为此,建议做好以下工作。

(1)完善知识产权快速审查和确权机制。一是建立计算机软件著作权快速登记通道。二是优化专利和商标的审查流程与方式,实现知识产权在线登记、电子申请和无纸化审批。三是完善知识产权审查协作机制,建立重点优势产业专利申请的集中审查制度,建立健全涉及产业安全的专利审查工作机制。四是合理扩大专利确权程序依职权审查范围,完善授权后专利文件修改制度。五是拓展"专利审查高速路"国际合作网络,加快建设世界一流专利审查机构。

(2)完善知识产权快速维权工作。一是加大保护中心对专利执法案件处理的支持,建立健全专利执法委托案件处理机制,大力简化案件处理程序,积极协助迅速处理专利侵权纠纷等案件,促进案件处理效率的进一步提高。二是全面开展举报投诉工作。在保护中心开通了一条12330知识产权投诉热线,与全国知识产权保护和投诉投诉网络平台连接,建立了投诉举报快速反应机制,以实现快速受理,快速处理和快速反馈。

(3)构建境内知识产权特殊保护机制。为了保护中国的知识产权免受非法侵犯外国商品或服务的侵害,除了建立国内司法保护制度外,还应建立一种行政审查机制,以快速保护中国的知识产权,建议由商务部主导,以国内企业申请或自主发起为起点,对非法侵害我国知识产权的外来商品,若认定其威胁到国内产业的构建或发展,即可发布临时禁令或永久禁令,禁止侵权商品的进口行为,对拒绝执行禁令的主体可直接施加行政处罚。

(四)知识产权同保护

需要构建知识产权同保护的战略目标主要基于以下原因:首先,为了营造国际一流营商环境,开辟同世界各国合作,努力保持我国利用外资在全球的领先地位,我们需要高度重视知识产权同保护建设,对国内外企业要一视同仁。其次,由于资源与经验的限制,过去我国知识产权保护在国内企业与国外企业、国有企业与民营企业、大企业与小企业、单位和个人的知识产权保护上尚未达到完全同等保护,对国有企业及大企业的知识产权保护较为重视,弱化了小微企业及个人的知识产权保护,此将不利于我国全面创新的激励,也违背了法治所要求的公平正义理念,亟需予以改善。再次,加强知识产权同保护,外资企业有要求,中国企业更有要求。我们不仅要采取措施保证外资企业知识产权保护在我国享有国民待遇,更要采取措施促使外国对我国知识产权施加一视同仁的保护。为此,建议做好以下工作。

(1)助力中小企业知识产权保护。针对大企业与小企业在知识产权上的悬殊地位,加大对小微企业知识产权保护援助力度,构建公平竞争、公平监管的创新创业和营商环境。

(2)构建海外知识产权护航体系。构建知识产权海外护航机制。构建类似于美国《1988年综合贸易与竞争法》第301~310节内容的机制,对他国实施的不公平贸易行为进行反制。根据这种机制,我国可以对确定采取"不公平"贸易做法的其他国家进行调查,并可与被确认不公平做法的有关国家政府协商,最后由国家政府决定采取提高关税、限制进口、停止有关协定等报复措施。

(五)知识产权强保护

当前,中国在加强知识产权保护,创造和应用方面还存在以下不足:首先,知识产权保护法律体系亟待完善,证明难度大,成本高,周期长,司法实践中的低报酬还没有解决。它们之间存在不一致之处,从而导致权利的不平衡和对社会权利保护的指导不足。对新领域新业态缺乏知识产权专门的保护与扶持。在创新引领发展、科技引领未来的新时代,人工智能、大数据、区块链、标准必要专利、"互联网+"、电子商务、生命科学及食品医药等前沿领域技术的知识产权专门化保护进程缓慢。有必要完善知识产权咨询服务或维权援助机构的建设,扩大其可受理咨询与维权援助范围,充分发挥多元化纠纷解决机制的灵活特性。其次,创造大量但不强大的知识产权,以及许多但不是出色的知识产权的问题仍然悬而未决。尽管中国的专利和商标申请数量多年来一直居世界第一,但在关键技术领域缺乏高价值专利,在重要的贸易领域缺乏高价值品牌。企业已经掌握了核心专利能力,企业的专利导航能力,专利技术研究和集成创新能力不强,关键技术领域具有战略储备价值的核心专利仍然匮乏,无法在上游之间推广高价值专利。和产业链的下游价值的协调使用和实现,不利于成长性好、附加值高的专利密集型产业的培育和形成。知识产权使用费逆差明显并不断扩大。缺乏科技创新项目立项、验收的知识产权高质量创造政策,高校科研机构缺乏以市场需求为导向的知识产权创造政策,产学研合作缺乏技术创新和知识产权整合政策。为此,建议以下几点:

(1)完善知识产权保护法律体系。及时弥补现行法律法规在保护文化和创意版权、展览、电子商务立法等领域的立法空白;引入新的法律,及时填补空白,以保护诸如现代生物工程技术,电子商务,人工智能创造和大数据新知识产权等高科技技术。

(2)推行知识产权质量提升工程。在我国知识产权创新实力较强的省市(北京市、上海市、江苏省、浙江省、广东省)围绕先进制造业领域大力投入知识产权创新的资源与政策,合理布局高端制造业的产业链条;促进国家技术成果的生产力转化,整合创新试点区域内的科研资源,合理配置试点项目相关的创新资源,理顺技术成果的利益归属,激发科研机构对于高端制造业的创造热情;支持、引导优势高端制造产业"走出去",探索建立相关的国际知识产权行业标准,强化中国与"一带一路"成员国的知识产权交流与合作。

(3)强化知识产权运用的工作。一是提高知识产权使用效率。建立专利导航产业发展的工作机制,协调促进知识产权区域布局,知识产权分析评估,形成专利导航系列指南标准体系。完善企业主导、多方参与的知识产权协同运用体系,强化企业运用知识产权提高市场竞争力,推动企业知识产权成果加快实施转化,知识产权转让与许可数额明显增长,品牌附加值明显提升,自主知识产权产品出口额增长显著。二是强化知识产权推广的金融支持。三是鼓励知识产权服务企业创新发展。印发建设强大的知识产权企业的工作计划,全面落实多项知识产权措施,为民营企业的创新发展服务。为中小企业和个体工商户提供专利转换帮助。编写《创新过程知识产权管理》国家标准草案。制定知识产权政策措施,促进行业高质量发展。制定企业产权运营税收优惠政策,将知识产权运营企业纳入高新技术企业管理。鼓励企业通过兼并、收购等多种渠道获取高质量、高水平知识产权。四是促进高校科研机构专利运用转化。深化知识产权权益分配改革,扩大知识产权"混合所有制"改革,促进知识产权从大学研究机构向制造业转移。促进大学和研究机构知识产权处置和使用的改革,提高大学和研究机构知识产权使用的自主性。探索职务发明人采取兼职、离岗创业、在岗创业等方式开展知识产权转化运用,增加对完成知识产权转化做出贡献人员的奖励报酬比例。五是实施知识产权"强企"工程。出台加快建设知识产权强企的意见。形成知识产权优势企业、示范企业、知识产权强企进阶培育体系。将知识产权资产全面纳入企业会计核算,提高企业核心资产价值。引导创新要素向企业集聚,确保财税金融、风险投资、公共采购、研发投入等政策工具向创新型企业倾斜。

第六节 知识产权保护体系的提升元素

在构建知识产权保护体系应当以构建知识产权的"严大快同强"五个方面的保护体系作为战略目标。具体而言,即构建"双轨驱动、平衡有利、多元保护、高效可及、开放合作"的中国特色的知识产权制度。该保护体系应当对内激发人民的创造能力与转换运用能力,对外亦可产生重大的国际影响力,通过对制度的建设,进一步加强我国知识产权保护的文化环境与市场环境,一方面需要对现有法律与制度进行完善;另一方面需要融入新元素以适应我国知识产权未来十五年的发展。

(一)制定新法律

1.扩充新客体与制定新法律

1980年代以来,顺应改革开放发展以及社会主义市场经济建设需要,我国相继制定了《宪法》《民法通则》《刑法》《合同法》《侵权责任法》《民法总则》《商标法》《专利法》《著作权法》《反不正当竞争法》等,构建了适合中国国情的知识产权法律体系,作为形成中国特色知识产权保护体系的法律基础。具而言之,我国的知识产权法律体系是指以宪法为基石,以民事基本法和刑事基本法为两翼,以知识产权各单行法为主体,以我国政府加入的国际公约为补充,同时以《民事诉讼法》《刑事诉讼法》和《行政诉讼法》为支撑的结构体系。在上述法律框架内的全部法律规范,绝大多数都是与在此之前的各种技术、产业、文化、经济、贸易、国家安全、网络环境相关的知识产权法律。在知识产权强国战略纲要中,除了需要对现有法律进行修改完善之外,还需要适当增加应对今后10～15年国际形势、国内大势、科学技术发展、经济社会发展大局的变化的知识产权保护体系。因此,建议:

(1)扩充知识产权新客体。人工智能、大数据、互联网、云计算以及量子计算等即将引领新一代技术革命的新技术,为激励创新、促进相关产业的发展。因此,建议一方面需要紧跟国际知识产权动态适度扩展知识产权保护客体,另一方面需要结合本国相关产业的发展状态与趋势。为适应技术发展情势,应增加的新法律规范主要包括人工智能与知识产权相关的法案,大数据与知识产权相关的法案,区块链与知识产权相关的法案,人工智能侵权责任法案,智慧城市与知识产权相关的法案,新产业发展与知识产权相关的法案等。

(2)制定知识产权新法律。一是构建地理标志保护和商业秘密保护法律制度。首先,中国地理标志不仅是集体的共享权利,而且是永久的权利。功能的来源,也是质量的标志。从产权制度、商标转让、管理制度及方法和国际惯例的角度来看,地理标志产品的实施效果要好于商标制度。其次,我国现行关于商业秘密的法律规定分散于《反不正当竞争法》《合同法》《劳动合同法》《刑法》等不同的法律法规和司法解释中,多有不协调与缺漏之处。通过对其单独立法可以完善我国知识产权法律体系,填补专利法与反不正当竞争法的漏洞,优化外商投资环境,消除贸易障碍,突破美欧合围之势,积极参与商业秘密国际保护规则构建。二是适时制定传统知识、民间艺术等相关法律制度。我国现行《著作权法》早已将民间文学艺术作品的著作权保护办法授权于国务院另行规定,但是直到目前为止,国务院尚未制定出专门的保护条例。然而,民族民间传统文化和民间艺术是科学创新与文学创作的重要源泉,其所具有的巨大的产业资源价值正引起社会各界的高度重视。如若对传统文化和民间艺术疏于保护,一方面将导致文化源泉逐渐消亡的后果,另一方面其作为发展中国家在国际社会与发达国家进行知识产权谈判的重要筹码的功能将难以发挥。

2. 完善知识产权侵权损害赔偿制度

我国现行知识产权各单行法虽然都对侵权损害赔偿以及赔偿数额的计算标准做出了规定,没有关于侵权损害赔偿归责原则的规定,由此导致在知识产权侵权诉讼中,原被告双方时常就侵权损害赔偿是适用无过错责任原则还是过错责任原则进行争论。事实上,知识产权学者、律师、法官等对此也没有统一结论。既有主张知识产权侵权损害赔偿归责原则适用无过错责任原则的,也有主张适用过错责任原则或者推定过错责任原则的。

(1)明确知识产权侵权损害赔偿责任采用过错责任原则(包括推定过错责任原则),而不是无过错责任原则。

(2)关于损害赔偿数额的计算标准除了根据权利人因遭受侵权所受到的实际损失、侵权人因实施侵权所获得的非法利益、被侵害客体的许可使用费的合理倍数等之外,还应当增加被侵害客体的市场价值,以及其他合法证据所确定的损害数额等,作为确定损害赔偿数额的计算标准。

(3)恶意实施侵权行为且情节严重的,侵权人应当承担以上述标准确定的损害赔偿数额的五倍以下数额的赔偿责任。

(4)提高法定赔偿上限标准,即权利人无法确定损害赔偿数额的,法院依据侵权行为的情节、持续时间、对被侵害客体、权利人造成的市场负面影响等判决1万元以上、500万元以下的赔偿。

(4)为了最大限度地打击知识产权劫持、防止知识产权滥用,可以考虑修改知识产权各单行法,在知识产权权利人提出损害赔偿请求时,如果被告侵权人声称知识产权所有人在起诉前三年内未执行被告侵权行为,人民法院可以要求知识产权所有人提供证据,证明被侵权人是在前三年内实施的。知识产权所有人不能证明被控侵权对象在过去三年内已经实施,如果本人出售自己不知道侵犯知识产权的产品,则可以证明该产品是本人合法获得的,并向提供方解释,将不承担任何赔偿责任。

3. 制定知识产权法典

组织研究制定知识产权基本法的必要性和可行性。进一步研究知识产权制度的基本原理,一般规则和重要的基本概念。推动知识产权基本法与法典化的建设。整合补充《著作权法》《专利法》《商标法》等单行法律的规定,使之成为一个有机整体的法律保护体系。

(二)创设新制度

目前我国的知识产权体制机制还存在两方面问题:一方面,我国有多个部门负责知识产权行政管理,从而导致职能分散,缺乏综合知识产权管理机构;另一方面,服务市场主体的机制不健全。此外我国没有体系化的行政救济已应对国际贸易中关于知识产权的问题。知识产权强国战略所预创的新制度应当充分调动企业、政府与社会的积极性与主动性,形成全国一心,共同推进知识产权各项工作,提升我国知识产权综合实力与国际影响力。

(1)建立知识产权独立的执法机构。设立独立的执法机构以处理知识产权的相关问题,从而解决知识产权执法权分散、责任不明确的现状。依法制定该机构的职权与责任,以便统一透明的管理服务于知识产权相关问题。

(2)在市场监督管理总局设立专门的公平交易局。公平交易局主要对国内知识产权问题进行全方位调查,全方面对知识产权进行保护。公平交易局以平衡知识产权保护与公共利益的目标,以反不正当竞争法与反垄断法为主要手段与依据,着力解决知识产权滥用垄断与滥用问题。

(3)建立统一数字化数据库,提高国家在数据方面的集中优势,增强国际合作与竞争能力。目前国内数据库众多且各自分立,其中的内容也有部分重合,缺乏集成机制不仅造成资源的巨大浪费,而且还要求用户在资源选择上花费更多的时间。统一的数字化数据需要做到三个方面的内容：一是建立对行政机构与司法机构的内部数据库，以加强行政管理、行政服务与司法保护的便捷性与准确统一性；二是建立服务于社会的外部数据库，为公众提供便捷的知识产权服务，为中国的知识产权创新提供更好的基本条件和创新材料；三提高专利转换率，促进平台交易，使得相关产业和服务业得以更好的发展。此外还可以推广加强该平台的国际合作，一方面加强国家知识产权国际影响力，另一方面使世界人民得以享用新科技带来的成果。

（4）探索建立人工智能运用于审查。未来10年至30年，人工智能将由弱态向强态发展，形成在数据收集、挖掘、处理、分析和运用某些专项肌能、技能、智能、艺能和功能（简称"五能"）远超人类的阶段。在这一阶段的人工智能机器人，可能综合能力还不及人类，但是单项的"五能"可能比人类强。基于这种发展趋势，构建知识产权"严大快同强"保护体系，就必须在多个领域引入AI机器人，形成由AI机器人辅助人类完成包括知识产权司法审判、专利申请审查和商标注册申请审查、海关审核知识产权侵权物品的工作任务，提高知识产权保护质量、速度和水平。

（5）将信用制度纳入知识产权保护体系。一是建立知识产权信用数据库。由知识产权管理部门建立知识产权信用数据库，记载下列内容：发生法律效力的行政处罚、行政处理决定所确认的侵权事实及处理结果。二是建立知识产权信用公示系统。将归纳整理的企业知识产权信用信息通过统一开放的互联网信息服务平台公布并及时更新相关信息。三是建立失信惩戒制度。对故意实施知识产权侵权行为、抢注注册商标的行为、假冒注册商标的行为的企业进行多方面惩戒，如公布"黑名单"，令其承担相应的商誉影响。四是建立分级限制制度。参考侵权案件、行政处罚、刑事犯罪等情节，对公民、法人及其他组织进行信用分级评价，并以此作为侵权损害赔偿、行政处罚、刑事犯罪的加重情节，必要时可将故意反复实施知识产权侵权行为等纳入征信系统。

（6）建立对外合作机制。建立知识产权对外合作机制，加强国际合作，保护我国知识产权得以"走出去"。努力探索建立"一带一路"沿线国家和地区的知识产权合作机制。

(7)建立境内知识产权保护机制。一是建立对进口产品侵犯我国知识产权的行为以及进口贸易中的其他不公平竞争进行调查的机构;二是建立对调查结果合理有效的救济制度。

(8)建立海外知识产权护航机制。一是建立对其他国家"不公平"贸易做法的调查机构;二是对确认为不公平贸易的有关国家的合理协商机制;三是制定协商不成的有效报复措施。

(9)自贸区知识产权保护机制。在自贸区内的知识产权保护,既不能完全适用国内知识产权保护规则和规范,也不能完全等同于国外知识产权事务,因此需要构建与自贸区相适应的知识产权保护体制机制。根据自贸区规则,从境外进入自贸区的货物只是入境货物或者过境货物,而不能被认为是进口货物。根据我国《知识产权海关保护条例》第二条规定,对进出口货物,海关有权进行知识产权检查。但是,对于进入自贸区尚未办理入关手续的货物,海关实行备案制管理免于办理通常的报关手续。因此,进入自贸区的货物侵犯了我国的知识产权,又没有办理进口申报手续,自贸区海关就面临着对这样的货物采取相应措施的问题。因此,知识产权强国战略应当就自贸区知识产权保护建立相应的法律规范,搞好自贸区知识产权保护。

第七节 知识产权保护体系的协调措施

在知识产权保护体系上,我国实行的是"行政保护+司法保护"的"双轨制",即对侵害知识产权的行为,权利人可直接向人民法院提起民事诉讼,也可向知识产权行政管理部门投诉,请求对侵权行为进行处罚;同时,对于严重侵权的刑事案件,由公安机关、人民检察院、人民法院依法办理或由权利人提起自诉。因此,我国知识产权保护体系上存在司法救济与行政确权、行政执法与刑事保护、民事保护与刑事保护相衔接的问题。

(一)行政确权与司法救济的关系

在我国,关于专利权或注册商标专用权有效性引发的争议理论上可能需要经历3~4个裁判程序,即一级行政复审机关的准司法程序再加上两级北京法院的司法程序,十分复杂的案件还可能要走到最高人民法院的再审程序。由于我国的现行法律没有规定在侵权诉讼中法院可以审理和判决关于专利权和商标权的效力问题，法院不接受权利无效的抗辩，而是指出关于知识产权是否有效的决定只能由相关行政机构做出并相应地中止相关民事程序以免造成不必要的裁判冲突。这样一来，重复诉讼，周期长，使得知识产权有效性的社会关系长期处于不确定状态。在行政诉讼中，法院不能直接对知识产权做出无效或有效的判决，而只能维持或撤销复审机关的决定。这样的系统或做法允许在审查机关与一审和二审法院之间来回进行授权和确认的案件，从提起侵权诉讼到最终确认权力已花费了十多年的时间。因此，建议：

（1）建立全国统一的知识产权上诉法院。知识产权上诉法院的建立与无效制度的转变相结合，对于解决当前无效制度中的上述问题具有极其重要的作用。首先，赋予知识产权上诉法院直接对权利的效力做出判决的权力，可以在很大程度上避免循环诉讼。除了审查机构的审查机制问题外，进行循环诉讼的最重要原因是法院无权直接根据现有机制对权利的有效性作出判决。

（2）赋予知识产权上诉法院对全国的侵犯知识产权的上诉案件管辖权。将同一案件中不同判决的可能性降到最低，并做出相关的侵权行为；案例更加准确，权力案例在审判标准层面得到统一；在评估运营效果方面，该模型应优于不同法院分别审理侵权和确认相同知识产权的模型。

（3）将复审机关的复审程序与法院的无效抗辩请求审查过程进行分割。在无诉讼提起的情形下，针对知识产权权利有效性的复审请求向复审机关提起，如当事人不服复审机关做出的行政决定，可向知识产权法院提起行政诉讼。而在知识产权侵权案件中，当事人可向法院提起无效抗辩请求，这一请求由法院直接审查，不进入复审机关的行政程序中。据此，知识产权复审程序就与知识产权无效抗辩程序完全区分开来，各司其职，又能缩短审判周期，减少权利人的维权成本。当然，这一制度的建立还需要其他配套制度予以支持，如"技术调查官"制度和陪审员制度。技术调查官制度的充分利用有助于增强知识产权诉讼中无效抗辩审查的权威性。而陪审员制度作为普通民事诉讼程序中的一环，或可在知识产权诉讼程序中进行改良与创新。

由于无效抗辩程序涉及行政机关授权决定的审查,且直接由法院进行审查相当于剥夺了复审机关的行政复议权,无效抗辩在民事诉讼过程中也有无法体现复审机关意志的嫌疑,因此,可采用陪审团制度给予复审机关发表意见、对知识产权有效性进行裁决的机会。建议在现行诉讼法中的陪审团制度与"三审合一"制度的基础上进行改良,建立知识产权案件的特别陪审团制度。由三名法官,两名复审机关成员(特聘权威学者)组成五人合议庭进行授权确权案件中的无效抗辩请求的审理。

(二)行政查处与刑事司法的关系

(1)明确行政查处与刑事司法案件的移送标准。首先,在起诉标准中发挥"社会危害"的基本要素,并赋予行政执法机构一定的酌处权,以制定移送标准,并由公安机关确定备案标准。如果两行为都达到入罪标准,应当按照"生产、销售伪劣产品罪"和"假冒注册商标罪"数罪并罚。其次,因此,在坚持侵犯商业秘密罪的同时,应扩大"损害"的含义。只要有证据证明权利人因侵犯商业秘密而遭受的损失金额以及将来必须发生的损失金额就可以理解为"损害"的结果。确定此类损害的依据不是基于原告遭受的损失,而是因为被告的行为是"恶意","不加区别地"或"暴政"的。再次,特殊损坏或一般损坏或名义损坏,包括因侵权而造成的损失。

(2)统一行政查处与刑事司法案件的移送材料。一方面,制定并整合了行政执法机构内部案件的转移阶段,例如转移时限,批准权限的转移等,以促进各行政执法机构在其职能中的职能的清晰性各自的分动箱。在确保转移程序的正确性和公平性的同时,我们还应注意转移程序的简单性和成本的相关性。另一方面,建设专门的知识产权执法队伍。知识产权及其相关案件执法的分散增加了行政查处与刑事程序衔接的困难,建立统一专门的知识产权执法队伍,专案专管,有助于提高行政程序与刑事程序衔接的效率,防止出现误移送、漏移送的问题。

(3)协调行政查处与刑事司法的权力运行。一是科学确定侦查主管部门。可以认为,公安机关经济侦查部门对破坏社会主义市场经济秩序的犯罪行为进行统一监督。这样,知识产权犯罪案件进入司法渠道就可以享有统一的管辖权,而不必独立。二是规范公安机关的侦查期限。建议在10天内统一规定进行调查。如果案件重大,则可以在受理之日起30天内做出是否提交案件的决定。三是认真设计初步调查制度。规范和完善知识产权初步侦查制度,有利于公安机关尽早与案件取得联系,提前发挥作用,为案件提供证据。首先,严格确定初步调查方法。行政执法机关移送的案件,应当以文件形式进行初步调查。只有在存在违法程序,明显错误并与是否提起诉讼有密切关系的情况下,才能考虑进行实质审查。其次,严格检查初始程序。严格将初始调查程序限制在备案阶段之前的法律期限内。如果不能确定初步调查结果,则不予立案。最后,严格控制初步调查方法。在对举报的案件进行初次调查期间,可以采取不限制初次调查对象的人身和财产权的调查、查询、评估和取证材料等措施,以防止滥用调查方法。四是加强"三合一"制度创新,促进知识产权民权保护,行政执法与司法保护之间的正常联系。充分协调和运行民事、刑事、行政三大司法体系,打破原有的法律框架和思想,指导形势,最大限度地发挥知识产权司法体制改革的效益。

(三)行政调解与司法程序的关系

目前,我国知识产权纠纷行政调解与司法程序之间没有直接的衔接关系,就纠纷事实的认定上,可能存在结果上的衔接冲突,导致行政调解制度空置,浪费行政资源,效率低下,也难以保障权利的实现。行政调解方面存在立法空白,没有法律对其性质进行明确的认可和统一的规范。且其与司法程序缺乏良性互动,限制了知识产权纠纷行政调解制度效用的充分发挥。因此,建议:

(1)建立行政调解协议诉前司法确认机制。经调解机构和调解员签署并盖章知识产权纠纷行政调解协议后,双方可以向具有管辖权的人民法院申请确认其效力。经人民法院审查,确认调解协议效力的裁定在送达双方时均具有法律效力。一方拒绝履行或者不履行调解协议的全部内容的,另一方可以向人民法院申请执行。该司法确认程序是为了确认行政调解协议本身形成的权利义务关系。它仅赋予这种法律关系以司法确定性和可执行性,而没有形成力。

(2)完善人民调解协议司法确认程序中的撤销制度。建议在关于知识产权纠纷的行政调解协议的司法确认程序中,不仅要规定外人取消制度,而且要规定法院依其权力被撤销的情况,即法院在司法确认程序中根据权力发现原则,并在调解协议中做出司法确认裁定。在第二年,如果裁定原始裁定违反了法律的禁止性规定或违反了法律,损害他人的权益和情节严重的,可以主动根据自己的权限做出新的裁定,并撤销原裁定。撤销裁判具有追溯效力。在确认裁判已被撤职后,裁判从一开始就被视为没有法律效力。

(四)刑事程序与民事程序的关系

我国现有知识产权案件的刑事程序与民事程序缺乏衔接:首先,由于侵犯知识产权案件多为刑事自诉案件,即使法院审理民事案件时发现被告的同一侵权行为可能达到犯罪的程度,但在原告自己没有提出刑事自诉的情况下,找不到将案件作为刑事案件移送公安机关处理的明确法律依据。其次,中国历来司法实践中都有"先刑后民"的惯例,而在现实中许多案件都是权利人同时或者先启动了民事诉讼程序。这就会产生一个问题,即由于知识产权民事案件的复杂性,大多数严重的民事侵权和行政案件都在中级以上法院的知识产权庭或民事庭审理,而涉及最严重侵权的知识产权刑事案件却通常在基层人民法院的刑庭审理,这在审级上显然不相协调。再次,如果是刑事程序启动在先,则同一个刑庭还要负责刑事附带民事诉讼,难以采用诉前禁令等措施,还可能造成程序拖沓,达不到对权利人及时、充分、有效的民事救济,但若不移送到民事审判庭,则刑事审判庭的法官是否能胜任民事争议的解决又是问题。同样,知识产权侵权案件审判中民事审判庭一旦发现犯罪线索,本应主动与公安机关沟通并移送相关材料以便公安机关开展刑事侦查,但在实践中民事案件的法官很少主动过问刑事部分的问题,而只专注于审理民事部分。审理耗费司法资源,还有可能产生同案不同判的结果。因此,建议:

(1)进一步完善"三审合一"机制,制定知识产权特别诉讼程序法,建立统一知识产权上诉法院。将知识产权特别诉讼程序法与"三审合一"机制有机结合起来,协调民事侵权案件与刑事案件的审理级别,并且有助于改善刑庭采用诉前禁令等方面的困难造成的程序拖沓现象。如法官在审理民事侵权案件时发现可能构成犯罪的情形,应当移送公安机关展开刑事侦查。

(2)将信用制度纳入知识产权犯罪的入罪考虑因素中。在建立完善的知识产权侵权信用制度基础上,将信用因素纳入知识产权侵权行为入罪标准当中,严格信用管理,对屡次侵权、警告无用的侵权人追究刑事责任。

第二章 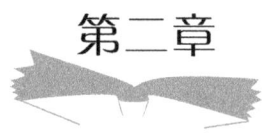 知识产权立法保护

知识产权制度是激励创新的重要机制,需要在创新需求的变化上发生适应性演进,构建完善知识产权制度是实施国家创新驱动发展战略,以及迈向强国之路的有力保障。因此,针对知识产权保护立法将分为体系化、科学化、现代化和国家化。

首先,构建完善的知识产权制度的重要一环,就是加强知识产权保护立法的体系化的完善。目前,我国知识产权立法体系在结构上采取分散式立法模式,导致各单行法之间存在不必要的重叠、交叉和冲突,缺乏协调性和一致性的问题明显。

其次,知识产权立法的科学性有待进一步提升。在提升知识产权保护立法的科学性方面,我国既有立法体制机制存在这样一些不足:一是中央立法与地方立法之间的协调性有待提升;二是知识产权立法的条块分割现象比较突出;三是知识产权的立法地方明显不够且不平衡;四是知识产权立法的区域协调机制不健全;五是立法过程的公众参与程度较低;六是立法后评估较为缺乏。

再次,回应和保护新业态、新领域、新技术的发展,是新时代知识产权立法现代化的重要主题。为营造良好营商环境,促进创新,需要严格保护知识产权,打击知识产权恶意侵权行为,规范创新市场,维护互联网市场的公平竞争秩序,促进科技成果转化。

最后,在国际秩序动荡和裂变中,我国知识产权立法的国际化需要进一步提高治理能力和发展实力。一是国际经贸规则改革或重建中话语权不足;二是知识产权文化冲突加剧导致共识危机;三是区域知识产权一体化面

临制度衔接障碍;四是国际活动中高端人才和有影响力的私人团体缺失。长远来看,知识产权强国建设还需进行战略态势收缩和经贸方向调整,全面建构体现中国立场的知识产权话语体系,形成国内、国际多重机制互动创新,谋求更加清晰的战略角色定位。

第一节 加强知识产权立法的体系化

一、知识产权立法的背景与形势

(一) 知识产权立法体的相关推进

面对新时期新局面的知识产权战略目标,我国知识产权发展已开启新一轮深刻变化。知识产权战略定位从成为知识产权发展水平"较高的国家"转向建设"知识产权强国"。① 知识产权强国,则意味着知识产权综合实力较强、知识产权对经济社会支撑作用较强的国家。根据国家知识产权局研究报告,当前世界知识产权强国可分为两类:第一类是以美国、日本和德国等为代表的世界一流水平的知识产权强国;第二类是以法国、瑞士、瑞典、英国、芬兰、荷兰、韩国等中等发达经济体为代表的知识产权次强国。② 因此要推进国家知识产权战略强国的深入实施,需要对知识产权制度的建设进行细化。

(二) 知识产权立法体系化的挑战与需求

从我国整个知识产权法律体系来看,存在的挑战主要可从三个方面阐述:一从知识产权立法的效率看,知识产权立法修法周期过长,导致许多法律在正式出台或修改完成后,不能对知识产权起到恰当的规制与保障作用。而法律与生俱来的滞后性,导致知识产权立法配套的保护措施不足。二是

---

① 张懿:《我国首提建设知识产权强国》,《文汇报》2014年6月26日第002版。
② 数据来源:国家知识产权局知识产权强国课题《挑战与应对:迈向知识产权强国之路》(2012年)。

从知识产权立法体系来看知识产权立法的建设还不够系统化,高层知识产权法律缺乏统一的安排和规范。导致部门法的法律规范无法统一,协调,缺乏立法体系化的完备性。三是从知识产权立法结构上看,结构优化原则没有得到有效的贯彻。

针对以上挑战,针对国家知识产权立法体系的要求来看,知识产权法制完善是"战略重点"之一。依据《国家知识产权战略纲要》第八条规定:"进一步完善知识产权法律法规。及时修订专利法、商标法、著作权法等知识产权专门法律及有关法规。适时做好遗传资源、传统知识、民间文艺和地理标志等方面的立法工作。加强知识产权立法的衔接配套,增强法律法规可操作性。完善反不正当竞争、对外贸易、科技、国防等方面法律法规中有关知识产权的规定。"因此,构建体系化的知识产权立法是完善知识产权法制建设的重要内容。展望未来,在结合中国特色社会主义新时代和创新驱动发展战略的背景下,需要以强有力的姿态推进知识产权立法体系的构建。

因此,在《国家知识产权战略纲要》即将完成历史使命之际,除了制定固定知识产权政策《知识产权权力战略》外,还应制定《知识产权法典》,将知识产权纳入民法典,或者同时纳入知识产权的基本法。从国内层面来看,能够协调《著作权法》《专利法》《商标法》《反不正当竞争法》等单行法律的规定,使之形成一个内在结构和规定协调的完整有序的知识产权保护立法体系。

(三)知识产权立法保护体系的域外驱动

"知识产权法是对专利法、商标法、著作权法等法律规范的一个总称,这一称法是虚设的,是一种理论概括。"[①]从 17 世纪中叶到 19 世纪,西方分别以单独的立法形式产生了专利法、版权法和商标法。没有统一的知识产权法规,也没有将各种法律纳入民法典。1804 年《法国民法典》明确申明,商标权和其他财产权均应受到保护。该规定仅是将商标权作为财产权定位的民法,并且没有法律意义可以独立地编入民法典中。法国以《民法典》的基本法为指导,于 1857 年颁布了具有历史意义和国际影响力的商标法。近年来,

---

① 黄勤南:《新编知识产权法教程》,北京:中国政法大学出版社,1995 年,第 263 页。

日本、韩国已经制定并实施了知识产权基本法且在本国实施效果良好,有力地提升了社会创新能力,促进了知识产权在社会发展中的总推手的作用。

二、知识产权立法的现状和问题

(一)知识产权立法体系的现状分析

1. 知识产权基础性法律的制定研究与推进

知识产权基础性法律包括知识产权法典(入典和成典)以及知识产权基本法。

知识产权基本法是国家知识产权战略和知识产权公共政策的法制化,其性质定位为宏观调控法,内容定位为知识产权管理法、促进法与保护法。《国家知识产权战略纲要》以"促进创造,使用,保护和管理知识产权的能力"为主要目的,制定《知识产权基本法》是《国家知识产权战略纲要》的要求,也是确立国家知识产权战略法律地位的主要手段,只有将知识产权战略措施法律化,才能保证其法律效力和可操作性。知识产权基本法已在2016年形成专家建议稿的草案。

知识产权法典化可以为研究者指明研究的方向,加快知识产权研究的进程。民法典编纂有赖于理论研究的体系化和系统化,通过对国际民法典编纂历史的考察,以及对各国民法典进行分析,可以将各国处理知识产权制度与民法典关系的模式分为以下几种类型:分离式、纳入式、链接式和揉合式。就国内层面而言,知识产权是国内创新发展的战略抓手。就国际层面而言,知识产权是我国赢得国际优势的核心竞争策略。知识产权法典化目前已在《国家知识产权战略纲要》实施十年评估中进行明确,要求制定《知识产权法典》,而对知识产权编入民法典未有提及。除学者吴汉东教授、曹新明教授等相关智者在其研究领域提出采用链接式之外,有学者甚至反对知识产权编入民法典。但针对知识产权体系化的研究,目前已有政策的支持以及学术的理论支撑,可见知识产权基础性立法作为知识产权立法体系化的加强势在必行。

2. 反不正当竞争法等单行法的修订与推进

2019年4月23日,《中华人民共和国反不正当竞争法(第二次修订)》获第十三届全国人大常委会第十次会议通过,这是《反不正当竞争法》修订时间间隔最短的一次,第二次修改主要集中于商业秘密的保护,共涉及五个方面:一是进一步完善商业秘密的定义,适当扩大了商业秘密的保护范围;二是进一步明确侵犯商业秘密的情形,实质扩大了侵权行为的范围;三是明确了侵犯商业秘密责任主体的范围;四是强化了侵犯商业秘密行为的法律责任,进一步加大保护力度;五是增加了举证责任转移的规定,适当减轻了权利人的举证责任。

3. 传统知识、遗传资源、地理标志等传统资源①法律制定

针对民间文学艺术作品等传统知识保护一直在推进,却仍未见成效。在现行的《著作权法》第六条中,民间文学艺术作品的著作权保护办法由国务院另行规定。2002年8月,文化部向全国人大教育、文化和卫生委员会提交了《民族民间文化保护法》草案,并于2003年11月制定了《中华人民共和国民族民间传统文化保护法草案》。2004年8月在7月,草稿的名称根据《中华人民共和国非物质文化遗产保护法》进行了调整,保护民俗的合法化正式迈出了第一步。2014年9月18日,国家版权局发布了《中华人民共和国民间文学艺术作品保护条例》(征求意见稿),以回应《版权法》第6条关于保护民俗和艺术作品。"旧版保护法"的相关内容已经完善,但尚未实施。

(二)立法体例的现存问题

1. 知识产权基础性法律的制定未见成效且相关法律制定存疑

我国当前的知识产权法律制度在立法体系结构上采取分散式立法模式,导致各单行法之间存在不必要的重叠、交叉和冲突,缺乏协调性和一致性。知识产权体系化的实现,应当强调知识产权法典化、知识产权基本法的构建和完善。知识产权法典化包括知识产权的入典和成典,而知识产权基本法的制定则是知识产权政策的对接。2003年3月,第十届全国人民代表大会发言人姜恩柱谈到中国特色的社会主义法制,并坚信"每个法律部门的基本法律都已制定"。但是,基于现有的挑战,可以看出,对于一部部门法而

---

① 吴汉东:《知识产权总论(第三版)》,北京:人民大学出版社,2013年,第443页。

言,其基本法的基本地位和作用如何。就知识产权部门法而言,中国显然缺乏基本法地位的知识产权法规,缺乏最基本的法规会使我们的知识产权法律体系丧失应有的完整性。

《民法典》中是否应该设立知识产权编的争议从未间断。支持知识产权作为单独一编列入《民法典》的观点认为,随着社会的发展,知识产权争议纠纷愈发突出,对此,《民法典》有必要进行应答。此外,中国的知识产权立法技术和司法经验正在逐步成熟,知识产权已经成为纳入《民法典》的基础。虽然知识产权涉及政府确认,需要行政保护,但是不能因为知识产权涉及行政管理就把它排除在民法之外。不支持知识产权单独一编列入《民法典》的观点则认为,我国知识产权立法既规定了民事权利内容,也规定了行政管理内容。如果现在将知识产权法律法规纳入《民法典》,可能很难保持其连续性和稳定性。知识产权编未入《民法典》,知识产权独立成典也仅限于专家意见稿以及学者学术界的推动。

知识产权基本法是国家知识产权战略和知识产权公共政策的法制化,其性质定位为宏观调控法。知识产权公共政策法制化为知识产权基本法的重要内容,符合其性质定位。因此,通过将知识产权基础性法律中的私法规范体系化为《民法典》知识产权编的重要内容,符合其性质定位。两者分开规定,有利于把握知识产权战略合法化与私法制度化之间的关系,并从根本上阐明《基本知识产权法》和《民法》知识产权版的法律属性。相反,如果将二者合并在一起,公法规范和私法规范交叉,则带来定位不清、性质不明、逻辑混乱等问题。我国针对知识产权的保护和运用每五年都进行相应的规划,同时还配套相应的推进意见,可见我国知识产权政策的成果较为丰富,且针对知识产权基本法的制定持续处于专家意见稿状态,未见落实。

目前知识产权的政策制定部门分散,"政出多门、相互打架"的现象比较严重,知识产权的宏观发展政策难以全面协调各部门利益,导致知识产权政策施行效果欠佳,这种思路存在两方面问题。一方面,部门利益难以协调,任何一个领域单独推进都面临瓶颈,无法实现整体改观。另一方面,我国知识产权制度改革的主要问题是从宏观政策、管理体制、促进措施等层面进行统一协调的问题,采取分别修改单行法的思路无疑是南辕北辙。

2. 促进创新型的单行法(主要是商业秘密)的制定意见未被有效推进

构建完善知识产权制度是实施创新驱动发展战略的有力保障,为适应经济技术发展和创新需求,我国应当积极构建创新促进型和技术匹配型的知识产权制度。但作为能有效驱动知识产权技术进步的商业秘密保护,却一直游离于知识产权立法体系之外。美国知名咨询机构统计数据显示,科技公司大约60%的创新成果最先是以技术秘密(know-how)方式存在。商业秘密被誉为现代企业知识资产"皇冠上的明珠"。

目前我国关于商业秘密的立法保护主要散见于《反不正当竞争法》《合同法》《劳动合同法》《刑法》等法不同的法律法规和司法解释中。2017年3月制定的《民法总则》第123条将商业秘密与发明、作品、商业标志等并列,从而明确了商业秘密的知识产权属性。有关知识产权客体的著作权、专利权、商标权等均由部门立法加以规定,而商业秘密的法律规定过于分散,这是立法体系不够系统、完整的体现。2019年全国两会中,有学者提交了《中华人民共和国商业秘密法》立法议案。囊括所有涉及商业秘密相关规定的国际公约、条约、示范条款,美欧等国家和地区专门立法,我国各部门法、司法解释、部门规章与规范性文件、地方法律法规等。而2019年第二次《反不正当竞争法》的修订,虽集中对商业秘密立法。而全国人大代表,全国工商联执委,万丰奥特控股集团党委书记、董事局主席陈爱莲在接受记者采访时表示,"要提出制定商业秘密保护单行法,明确及细化商业秘密侵权行为与罪名,加大商业秘密侵权行为的量刑力度"。

3. 传统资源相关规制仍未有效开展

《国家知识产权战略纲要》十年评估报告摘要汇编中提出,《国家知识产权战略纲要》颁布以来知识产权法制建设的最大不足和缺陷就是遗传资源、传统知识和民间文艺的保护方面。传统知识仅仅在《专利法》2008年修订中讨论过,未做任何规定;民间文艺保护条例一直在国家版权局的层面上讨论,未纳入国务院立法计划。作为遗传资源、传统知识和民间文学艺术大国,立法的缺位导致产业发展保护不足,制约了产业的发展和我国传统文化的保护。

我国《民法总则》第123条明确把"植物新品种""商业秘密""地理标

志"列为知识产权的客体类型。可见,传统资源是知识产权立法体系的有机组成部分,同专利权、商标权、版权对等。但现行的立法规制对传统资源权的立法体系仅限于相关条例等规制,导致有关客体的保护存在法律位阶的冲突。例如《植物新品种保护条例》与《种子法》的立法关系。若从位阶上看,《种子法》是《植物新品种保护条例》的上位法,但这将严重影响该制度的法律权威并阻碍其发挥保障作用。可见,现行立法体系难以实现的原因在于对传统遗传权的保护探索不够,对特殊领域的知识产权立法制定还不够主动。

三、知识产权立法的任务和措施

(一)知识产权立法的任务

(1)完善立法体系,形成长效保护立法体系。知识产权基础性法律有助于明确知识产权制度的基本原则、一般规则及重要概念。以法治观和发展观为指导,真正改变知识产权工作的现状,制定一部符合当前我国经济社会发展需要的知识产权基础性法律势在必行。从完善私权立法体系和凸显知识产权地位的理想角度出发,我国在处理知识产权基本法的制定时,首先应当调整好与民法典关系时,根据现行的研究结果,可以采用"面"链接模式与民法典进行衔接,即在民法典总则编中对知识产权进行简短的规定,同时又在民法典中制定单独的知识产权编。对于我国而言,这一模式一方面可以解决多年来因知识产权在我国国家政策体系中受重视和《民法典》编纂体系中被忽视而形成的观念落差,另一方面也可以推动我国知识产权研究的进一步发展。

知识产权公共政策的法制化其性质定位为宏观调控法。因此,知识产权基本法应该是一种具有公法属性的法律规范。通过将知识产权战略、知识产权公共政策法制化为知识产权基本法的重要内容,符合其性质定位。《民法典知识产权编》作为《民法典》的一部分,是知识产权法律制度的体系化,其当然是私法规范。因此,通过将知识产权基础性法律中的私法规范体系化为民法典知识产权编的重要内容,符合其性质定位。两者分开规定,有利于把握知识产权战略法制化与私法体系化的关系,从根本上厘清《知识产权基本法》与《民法典知识产权编》的法律属性。相反,如果将二者合并在一起,公法规范和私法规范交叉,则带来定位不清、性质不明、逻辑混乱等问题。

在此基础上,应当考虑我国应充分借鉴国际知识产权立法体系发展经验,结合国情设计知识产权基础性法律。

(2)加强相关立法协调性,融合经济社会产业发展。技术创新是经济增长之源,知识产权制度是创新激励之基,拥有核心技术并不意味着具有市场竞争优势。知识产权强国的历史经验表明,知识产权制度是形成市场竞争优势的关键。因此,我国在构建知识产权强国立法体系和建设知识产权强国过程中,要重视知识产权产业化和商业化工作,保护只是手段,产业化和商业化才是目的。

商业秘密是提高知识产权转化率,实现技术创新,促进经济增长的有效制度。商业秘密是企业发展的源泉和动力,是企业赖以生存的支柱,商业秘密的保护是企业持续发展所面临的重要问题。企业商业秘密被窃取会给企业带来严重的危害,给企业带来巨大的经济损失,企业商业秘密受到侵害后有强有力的维权依据显得尤为重要。制定商业秘密保护单行法是大势所趋,也是民心所向。为缩短司法实践中法律适用的时间,更好地维护商业秘密受到侵犯主体的利益,我国应打破商业秘密保护法律规定分散的现状,制定《商业秘密保护单行法》,以更好地保护商业秘密,为建设"大众创业,万众创新"的社会,走向中国特色社会主义新时代保驾护航。

(3)加强相关立法协调性,全口径、广角度加强知识产权保护立法体系化。立法体系化的加强,需要协调整个立法体系的关系。从立法位阶来看,知识产权基础性法律是统筹,而对知识产权客体的单行刑法制定则是全口径、广角度加强知识产权保护立法体系化。建立全口径、广角度的知识产权保护体系,则是对知识产权保护客体与保护体系上进行制度立法创新。这就需要提出符合我国国情与现阶段国际中发展中国家地位的知识产权保护立法体系。开展传统知识、遗传资源与地理标志等领域的立法工作,有助于发挥我国在发展中国家立场上对传统资源客体保护体系的创新能力。对非物质文化遗产制定知识产权工作指南,加强对优秀传统文化资源的保护和运用。同时建立传统知识和民间文艺相关专门法律体系,完善登记、注册以及法律保护机制。建设完善涵盖各类知识产权客体特别是传统资源权的全口径、广覆盖保护体系,是加强知识产权体系化的重要任务。

(二) 知识产权立法的措施

(1)推动知识产权基本立法的进程。从制定《知识产权法典》的未来发展出发,应多推动立法主体与社会各界人士进行交流,尤其是知识产权领域颇有研究的学者的意见。应多召开专家会议讨论,推动知识产权基础性法律的立法进程,包括对知识产权法典的编纂以及知识产权编入民法典的专家研讨座谈会,报告会;探索制定知识产权基本法的专家峰会,以及各界征求意见稿的采纳和共公示。

(2)为传统资源权提供恰当的法律保护。推动地理标志立法工作,健全遗传资源、传统知识等领域法律制度。应大胆进行制度创新,集思广益,在非典型客体领域先行立法发出中国声音,同时国际规则制修订,研究保护模式和条款的创新性、国际性和可行性。

(3)推进与促进产业相关的单行法指定。为了让知识产权立法保护呈现最大限度的体系化,应当促进与产业相关的单行法的制定。这是完善我国知识产权立法,支撑国家经济社会发展的大趋势。可适时采用专家学者对国内外商业秘密的背景、趋势、动态作了深入细致的调研,优化升级商业秘密立法专题研讨会,同时号召领域内时候会各界人士集智献策,对现行立法议案进行审查、做出回应。

第二节 提升知识产权立法的科学性

一、提升知识产权立法科学性的关键

高质量的立法是严格执法、公正司法的前提。对此,习近平总书记强调:"人民群众对立法的期盼,已经不是有没有,而是好不好、管不管用、能不

能解决实际问题;不是什么法都能治国,不是什么法都能治好国;越是强调法治,越是要提高立法质量。"在实施知识产权强国战略的背景下,提升知识产权立法的科学性非常重要,立法活动的科学化、合理化和完善化,是知识产权规则得到有效实施的前提。我国既有知识产权立法在一些方面与知识产权保护的规律还不相适应,其科学性有待进一步提升。对此,可以从以下两方面来把握。

一是新一轮科技革命和新业态快速发展,以知识产权为焦点的全球竞争日趋激烈,产生了大量的立法需求。知识产权既是技术之法,也是产业之法,技术的进步与产业的发展不断地对知识产权立法提出新的要求。无论是在能源领域还是在制造技术方面,抑或是大数据、人工智能领域,大量新技术不断出现,这些新技术对产业结构的变动产生了显著的作用。与技术的迅猛发展不同,法律具有稳定性和保守性,这样的特点导致了法律调整的滞后性。在新技术日新月异的蓬勃景象下,知识产权制度存在着滞后性、僵硬化的问题,尤其是新技术革命带来了网络技术、生物技术、人工智能等诸多新兴技术,集成电路布图设计者、植物新品种育种者、软件开发者等主体寻求法律保护的呼声愈来愈高。若要保持诸多领域的创新能力和积极性,需要设计合理的知识产权保护体系,尤其是要有能够与激发创新相契合的立法体制机制,从而提升知识产权保护立法对新技术、新领域的适应性。不过在知识产权立法保护方面,同样需要认识到的是,新技术时代知识产权制度的创新实际上会是一个持续的进程,任何期望通过一个立法或修正案来解决全部问题的想法都是不切实际的。随着技术的发展进步,知识产权制度的创新还会不断持续下去,为新技术的发展进步提供法律上的保障和支持。

二是我国正在从"知识产权大国"向"知识产权强国"转变。自 2008 年实施国家知识产权战略以来,我国的知识产权事业取得了巨大的成就,但是仍然存在着知识产权获取大而不强、全而不优,知识产权保护效率较差、处罚不严等问题。为此,国务院提出要加快经济发展方式转变、实施创新驱动发展战略,深化知识产权领域改革,加快知识产权强国建设。在当前技术变革和产业发展日新月异的世界,知识产权作为国家发展的重要战略资源和竞争力核心要素的作用越来越突出,中国必须跻身知识产权强国才能为产业结构的转型升级提供新的契机和空间。在为知识产权政策的制定和实施确立目标和方向的同时,也提出了新的要求。建设知识产权强国,关键在于实现从"多"到"优"、从"大"到"强"的转变,最终实现知识产权领域从"被动"到"主动"的根本转变。

在这样的国际国内形势下,以下几点似应成为提升知识产权立法的科学性的关键之处:一是完善知识产权立法体制机制,提高立法效率,从而适应日新月异的技术革新带来的知识产权保护需求;二是准确把握新技术、新产业的特点,构建适应新技术、新产业创新和发展需要的规则体系;三是更好地平衡多种主体之间的利益关系,在保障创新动力的情况下,注重分配好因技术和产业变革而产生的社会财富。

二、知识产权立法体制的现状分析

改革开放之后,我国逐渐建立起较为完备的知识产权法律制度,尤其是国家知识产权战略实施以来,我国知识产权法律和政策体系建设与时俱进,得到了前所未有的快速发展。在知识产权法律制度建设方面,不仅颁布了《著作权法》《专利法》《商标法》等主要知识产权法律,《反垄断法》《反不正当竞争法》《植物新品种条例》等配套法律法规建立齐全,《民法总则》也将知识产权纳入其中。与此同时,紧跟时代的发展,《著作权法》《专利法》《商标法》等分别启动或完成了新一次的修改,进而逐步健全以制定、修订国家法律法规为核心,以完善地方性立法、加强司法解释以及部门规章为补充,既符合国际通行规则又具有中国特色的知识产权法律制度。自2008年6月《国家知识产权战略纲要》颁布实施以来,全国人大常委会及其各个专门委员会、国务院法制办、国家知识产权局、国家版权局、国家工商行政管理总局,以及地方政府的立法机关,在知识产权法律法规的修订和制定方面做了大量的工作。具体说来,全国人大常委会于2008年修订了《专利法》,2010年修订了《著作权法》,2013年修订了《商标法》。为配合上述法律的修订,国务院还修订了《专利法实施条例》《著作权法实施条例》《商标法实施细则》《计算机软件保护条例》《信息网络传播权保护条例》和《植物新品种保护条例》。全国人大常委会于2015年修订了《种子法》,增加了"植物新品种"一章21个条文;全国人大于2017年制定《民法总则》,在第123条规定了有关知识产权的保护。可以说,在知识产权立法方面,在各方努力和配合之下,超额完成了《国家知识产权战略纲要》设定的知识产权法制建设的目标。

根据2018年《中华人民共和国知识产权法律法规全书(含司法解释)》,自改革开放至2017年6月公布的现行有效的知识产权法律、法规和司法解释共292部。其中,综合类30部、著作权类43部、商标类109部、专利类54部、反不正当竞争类8部、侵犯知识产权的刑事责任类8部、知识产权国际公约类8部、其他类32部。除此之外,还有一些地方性法规涉及知识产权保护。① 这样的立法是在我国一元多层立法体制之中实现的。立法体制的"一元性"体现在三个方面,一是党对立法工作的统一领导,二是中央立法权对地方立法权的统领,三是地方立法权对中央立法权的从属性。立法体制的"多层性"主要体现在两个方面。一是中央立法权的多层性,即中央立法权内部有五种具体的立法权,分别是国家最高权力机关的立法权、国家最高行政机关的立法权、国家最高军事机关的立法权、国务院所属部门的立法权、中央军委各总部的立法权。二是地方立法权的多层性,具体而言省级立法权(含少数民族自治区的立法权)、设区的市立法权(含少数民族自治州的立法权)、各军兵种、军区立法权、特别行政区立法权。这样的立法体制,一方面能够保证党对立法的领导,另一方面能够发挥中央与地方"两个积极性"。

三、知识产权立法体系存在问题

自2008年以来的知识产权立法也存在一些不足和缺陷。例如,《著作权法》第三次修订、《专利法》第四次修订都尚未完成;在遗传资源和传统知识等方面没有配套措施和规定;民间文艺保护甚至还未纳入国务院立法计

  由于享有地方性立法权的主体众多,在此未对相关地方性法规进行统计。

划;对外贸易知识产权立法尚待完善。以上立法方面的局限性是由立法技术的局限性以及立法水平的差异性导致的,并由此产生制度异化的结果。例如,知识产权的客体正在不断扩大;知识产权保护期限逐渐延长;权利人对权利限制的反限制也正日益增强;知识产权保护有时候妨碍技术创新。对于处于不同阶段的国家而言,这些制度异化可能带来不同的效果。譬如对于知识产权保护期限延长的倾向,对占据全球主要技术创新市场的发达国家而言是利大于弊,而对于亟需利用科技改善国家生活状态的发展中国家而言则显然是弊多利少。若要克服这样的局限性,需要从优化我国立法体制机制来入手。

在提升知识产权保护立法的科学性方面,我国既有立法体制机制还存在一些不足。概括而言,以下几点比较突出。

一是中央立法与地方立法之间的协调性有待提升。由于我国幅员辽阔,不同地区的实际情况差别非常大,知识产权发展水平、发展重点差别也非常大,有必要针对不同地区制定专门的知识产权政策。也正因如此,知识产权立法与国家有关知识产权的政策密切相关,这需要坚持中央与地方统筹协同。因此,除了在中央统一知识产权政策的制定机构外,还应在地方建立统一的知识产权政策制定机构,其职责不仅应统一本地区的知识产权政策的制定,还应充分协调地方与中央的知识产权立法。

二是知识产权立法的条块分割现象比较突出。尽管每个部门都考虑了先前内容的融合和立法中的优先权冲突,但由于每个部门的独立性,它仍无法准确反映彼此的组织联系。这种条块分割式的立法体系结构显然不能顾及整个知识产权法律体系的系统化和逻辑化,不可避免地带来在权利范围、保护标准、举证责任等方面的规定中存在交叉、重复、冲突、遗漏等问题。

三是知识产权的立法地方明显不够且不平衡。从总体上看,地方知识产权法规数量不多、层次不高、效力不强。除此之外,一个重要特点是专门性强或者说过于片面。这些法规大多具有较强的针对性,或针对某一特定行业,或针对某一项知识产权具体工作,其适用范围和时效范围都比较有限,缺乏战略上的把握和总体上的考虑。从内容上看,很多地方知识产权立法往往只是根据本地实际将其上一级相应法规稍加改动,没有利用好自己手中的立法资源,积极主动地突出本地所拥有的知识资源特色。从地区来看,几个直辖市、广东省以及经济特区的知识产权立法工作走在全国前列,沿海发达地区出台的地方知识产权法规数量普遍多于内陆的欠发达或不发达地区。

四是知识产权立法的区域协调机制不健全。知识产权区域协作是区域经济一体化的内在要求,其基础是地区的产业一体化。例如,目前长三角新兴工业技术创新初具规模,其自主创新领域主要在先进装备制造业、生物医药、新材料与新能源、信息技术等方面。这为长三角地区的知识产权协作提出了客观要求。目前,长三角地区和武汉城市圈都尚未出台一部统筹知识产权保护工作的法规。现有的宣言、协议书等协作制度中的条款内容过于原则化,缺乏明晰的权利义务和拘束力,权威性和法律效果较差。

五是立法过程的公众参与程度较低。目前我国知识产权相关法律的立法公众参与,主要通过立法主体向社会公众发布相关法律法规草案修订的征求意见的通知的方式完成。在征求意见的通知上,立法主体将修订的法律法规的内容、公众参与提出建议和意见的途径、将信息反馈给立法主体的方式予以公布。但是与发达国家公众参与比较活跃相比,我国普通企业、个人、非政府组织的参与较为有限。

四、知识产权立法历程的比较分析

考察美国、英国、日本、德国、韩国等发达国家的知识产权立法历程,尽管其知识产权立法时间长短不一,但是在知识产权立法方面还是存在诸多共同特点,梳理这些共同特点和基本规律有助于为我国知识产权法律制度的构建和完善提供参考和借鉴。具体而言,这些国家在知识产权立法方面主要呈现出如下几个特点。

一是知识产权立法随时代发展而频繁快速地修订。特别是进入20世纪50年代之后,各国知识产权修订进程明显加快,多则十几年、少则一两年就会对其主要的知识产权法律制度进行一次调整和修订。究其原因而言,主要有如下几点:①知识产权国际一体化进程的推动;②科学技术发展的影响;③传统民法理论体系难以包容知识产权制度。

二是知识产权立法是政策导向的风向标。各国在进行知识产权法律制定修改时无不从本国实际出发进行制度建构,基于本国经济社会的发展水平做出不同的制度选择,并在同一发展阶段对不同产业提供不同的知识产权保护策略。例如在专利保护方面,从1790年到1836年这几十年里,美国一直不保护外国人的专利及本国人在外国的发明。但在美国成为世界第一强国之后,却转而采取超高水平的知识产权保护模式,并积极谋求将这一知识产权保护模式推向全世界。从1885年制定《专利法》到1975年长达90年的时间里,日本对食品、饮料、药品和化学物质一直不授予专利。韩国从1961年制定首部《专利法》到1986年通过新的《专利法》期间,专利保护范围一直不包括食品、药品、化学物质等产品本身及其生产方法。

三是知识产权制度规制范围的持续扩大。这是科技发展的必然结果,体现在方方面面。例如,知识产权中版权与商标权的权能扩张主要与数字化技术和网络技术发展紧密相关。数字环境下,在保持原有控制力的基础上,版权人被进一步赋予控制其作品在网络环境下利用和传播的权利。版权人开始有权控制其作品在数字环境下的复制和传播。商标权人除了可以控制商标在相关商品或服务上的使用外,还可以控制其在域名、网页及搜索引擎中的使用。

四是重视知识产权保护基本法的立法。无论是美国的《知识产权资源与组织优先规划法》、日本的《知识产权基本法》还是韩国的《知识产权基本法》,都明确以基本法的形式对实施知识产权战略的各种资源和配置进行了规定,并设置有专门的战略实施机构及配套的领导协调机制。有了基本法律这样层级较高的立法,美、日、韩三国知识产权战略的实施与领导协调有了明确而稳定的依据,知识产权战略的贯彻,可以不因阶段性政策和工作任务的变动而有所懈怠,不因政府的换届而变动,也不因领导人关注焦点的转移而模糊。

五是成立高级别的领导机构,对知识产权战略进行协调,对知识产权立法进行统筹。例如,美国的知识产权执行协调员(IPEC)设置于总统行政办公室,由总体直接任命并经国会两院通过,在领导和协调国内政策、对总统提供咨询意见、组织实施对外政策方面发挥影响力;日本的知识产权战略部由政府首脑的首相直接担任本部长,官房长官、经济产业相、文化科学相、科学政策担当大臣等与战略实施直接相关的各省负责人直接初任副本部长。这些高级别领导机构的设立和运行,对于提升知识产权立法过程的协调性,进而提升知识产权立法的科学性起到了显著的作用。尽管我国也有由国家知识产权局作为召集单位的联席会议机制,但是由于国家知识产权战略实施在顶层设计上的全局性、宏观性和指导性,国家知识产权战略的实施由国家知识产权局去协调和其同级或高一级的部门还是显得有些乏力,协调力度不够,横向或纵向的沟通不通畅,一些比较"硬"的政策和制度方面事项协调难度较大。

从发达国家知识产权保护立法的发展历程看,发达国家知识产权制度都会立足于本国国情,根据不同发展阶段的不同需求,对知识产权制度做出立法选择,普遍经历了从"选择保护"到"全部保护",从"弱保护"到"强保护"的逐渐转变。当某个国家的整体发展水平或者某些产业的发展水平与其他国家相比处于落后状态时,其往往实行较弱的知识产权保护政策。当其经过一段时间的发展达到较高经济水平时,会改变以往做法而采取较强的知识产权政策,并对知识产权保护水平较弱国家施加压力以迫使这些国家采取高标准知识产权政策。

五、知识产权立法的必要性与可行性分析

纵览百年的知识产权立法史,我国的知识产权立法在大多数阶段都处于被动移植和模仿的困境之中。当然,这是由多方面原因造成的,一方面与我国对知识产权制度的了解和认识不足有关,另一方面这也是迫于外部压力所做出的无奈之举。进入新世纪之后,我国知识产权立法开始从被动性移植转向主动性安排。特别是进入新时代之后,随着综合国力显著提升,我国在知识产权立法上的主动权日益增强。中国应对知识产权国际立法首先要从内部做起,即正确认识与评价相关知识产权国际规则,完善自己的知识产权法律制度,有艺术地确保履行已经承诺的国际义务。同时,中国应该积

极参与到知识产权国际立法中,有意识地从国内、国际两个层面完善体制,理顺关系,努力促使知识产权国际规则更为公正合理,更有利于中国经济社会的发展。

针对我国既有知识产权立法体制机制的不足,应当坚持中央与地方立法统筹协同,逐步将分散式立法模式向体系化立法模式转变,顾及整个知识产权法律体系的系统化和逻辑化,重视并积极探索地方知识产权资源特色,进行针对性的特别立法,加强协调知识产权的区域协作,增加知识产权立法过程的公众参与,逐步建立和完善知识产权立法后评估指标体系。

首先,在宏观战略层面,我国知识产权立法需要从被动应对型立法向主导牵引型立法模式转变。这标志着我国知识产权自主性立法意识的觉醒,是向国际知识产权保护谈判争取话语权的要求的显现。2005年初,国家专门成立了知识产权战略领导小组。战略制定小组涉及国务院33个部门数百名研究人员。在2008年《国家知识产权战略纲要》发布之后,各地方都积极刊发学习和贯彻《国家知识产权战略纲要》的通知。实际上,在全国性的《国家知识产权战略纲要》出台之前,各地方已经着手或早于全国性的《国家知识产权战略纲要》积极制定了本地区的地方知识产权纲要。如果同时能从各地方选择代表加入战略制定小组,将更好地反映地方差异、地方对知识产权保护不同水平的具体诉求。另外,各行业协会的代表也应当被纳入战略纲要制定活动中。

其次,与知识产权保护相关的司法机关、执法机关的代表应当被纳入战略目标的制定活动中。倾听司法机关、执法机关对于以往案件审判和执行等方面的经验,有助于将战略制定建立在实证的基础上,为未来知识产权司法、执法中面临的重点、难点提供建议和预测。

第三,应当开通公众参与到宏观战略层面立法活动的途径。有序参与的制度设计非常重要,它将引导那些真正与决策议题利益相关的人、能够对决策过程产生积极影响的人以科学的方式参与决策过程。

第四,应当培养和吸收更多知识产权专业人士参与法律草案的起草过程,并为利益相关主体和其他普通公众开辟参与立法活动的渠道。

第四,将立法流程、参与人员的相关背景信息公开。除了以征求意见的通知的方式听取公众对法律草案的意见和建议之外,还应当注重设计双向交流的参与立法模式,例如在公开征求意见之后配套座谈会、研讨会,鼓励和引导公众有序参与这类讨论会。

第五,为私人部门、非政府组织、普通企业和个人参与相关知识产权立法提供机会和路径。在没有必要的情况下不进行资格审核等筛选,为公众尽量创造更广泛的参与空间,成为真正的、可行的参与。

第六,按照立法程序不同阶段的特点设计配套的科学化立法机制。例如,在法律草案的起草阶段,召开公开的说明会,讨论说明制定新的法律或者修订旧的法律的必要性或理由,注重使用互联网这种影响广泛、反馈快速、成本经济的媒介进行与公众之间的互动。设立公众听证会(公听会),将意见陈述阶段有争议的意见进行公开交流和沟通。视争议情况不同,可以进行简单讨论,或者设立严格的言辞辩论、举证质证过程以类似于审判的方式进行辩论。配套公告和评论环节,将信息公开,总结每一阶段的重点话题,为下一阶段讨论做准备。在草案进入立法机关进行正式的审议和决策阶段,即三读程序阶段,应当注重关照选择社会中下层普通民众的代表,使尽可能多的社会阶层、不同利益主体的代表参与正式审议程序。

六、结论与建议

制定《知识产权基本法》,统筹协调知识产权相关法律法规,加强相关立法的协调性,完善知识产权法律的顶层设计,弥补分散法立法模式的缺漏。推动《专利法》《商标法》《著作权法》及配套法规修订工作,完善职务发明制度,健全知识产权审查和注册机制。加强新业态新领域创新成果的知识产权立法,研究修订《反垄断法》《反不正当竞争法》《知识产权海关保护条例》《植物新品种保护条例》等法律法规。建立专门的地理标志保护制度,适时做好遗传资源、传统知识、民间文艺等方面的立法公众。研究制定商业秘密保护法律制度。

立法部门应该逐渐改变以前法律引进的惯性思维,要以将学者立法、部门立法为主的模式逐步转变为利益相关人共同参与的立法模式,推动立法的民主化,促进提升立法的科学性。

针对地方知识产权立法未能突出本地特色的不足,结合近来对非物质文化遗产和民间文学艺术的关注,那些拥有这些资源的地区要加强这方面的单行知识产权立法,大力突出地方特色,尽快填补空白,防止资源外流。

地方知识产权的立法工作要改变过去单纯重视专利、商标或某一类具体知识产权的立法态度,应当在区域协调发展思想的指导下,综合考虑本区域内的优势资源和优势产业,加强知识产权综合立法,充分调动各方面的资源为区域经济社会发展服务。

第三节 促进知识产权立法的现代化

一、背景与形势

(一)以创新驱动发展把握科技变革

历次科技革命都是大国崛起的契机,凡抓住科技变革机遇,革新技术并发展生产力的国家,必然在对应时期拥有强大的国力和国际竞争力,进而参与甚至主导国际竞争规则的制定与改变。

把握新的科技变革契机的重点在于,以科技创新驱动社会发展。用新科技革新生产方式,改善生产结构,提升社会生产力,提高社会效率,进而推动社会全面健康发展。其根本落脚点在于促进科技创新,要促进科技创新,就要使知识产权制度符合新的科学技术发展趋势,充分发挥知识产权制度的创新激励作用,使得知识产权制度更优地配置科技资源、保护科技成果、引导科技进步。

(二)新业态、新领域的发展对知识产权立法现代化的需求

知识产权制度从兴起到现在的三四百年时间,其基于科技革命而生,由于科技革命而变。知识产权制度的发展史是一个法律制度创新与变革和科技创新与变革相互作用、相互促进的过程。知识产权制度基于保护创新和激励创新的作用促进科技的发展,而随着新技术和生产方式的出现,知识产

权制度也应做出相应的改变来回应这一变化。

生物、物理和数字技术的融合发展深刻改变了知识产权制度环境及竞争格局,它们对现有的知识产权制度带来了挑战。新技术、新业态不断涌现,传统知识产权的理论疲于回应。如何回应和保护新业态、新领域、新技术的发展,是新时代知识产权现代化的重要主题。

(三)域外知识产权立法现代化的趋势与浪潮

随着经济全球化的发展,贸易自由化、生产国际化、资本全球化、科技全球化、法律全球化等全球化趋势进一步加深。不同于第一、二次科技革命仅发生在有限的几个国家中,新一轮科技革命是全球性的。

从国际层面上讲,知识产权竞争早已成为国际竞争的焦点之一,这一全球化的科技革命势必会引起国际有关知识产权的组织的关注,从而使得知识产权国际保护制度随之变化。从国家层面上讲,知识产权国际保护整体形势呈现"多极化"的趋势,既有霸权国与大国之间的竞争和大国相互之间的竞争,也有霸权国、大国与其他中小国家之间的竞争。以美国为首的知识产权强国运用其经济、科技、文化等方面的优势,紧抓国际体系中的议程设置、规则制定等方面的主导权,甚至采用"打拉结合""另起炉灶"等方式试图让新型市场国家承担更多国际义务,制约新兴市场国家的技术发展与创新及其在知识产权国际保护制度中的地位。

基于科技革命的全球性以及知识产权制度在国际竞争规则中的重要地位,新的知识产权竞争格局正在形成。促进知识产权立法现代化才能增强我国在知识产权国际保护体系中的话语权。

二、现状及问题

(一)立法现状

新中国知识产权制度的建设,始终处于"法律本土化"的摸索过程。从新中国成立后的计划经济时期,到十一届三中全会,市场经济确立后,再到加入世贸组织以及实施国际知识产权战略后,我国知识产权制度一直遵循新技术发展的步伐,基本实现了知识产权制度的现代化创新。自《国家知识产权战略纲要》实施后,面对众多的新挑战,我国《专利法》《著作权法》《商标法》《反不正当竞争法》分别于2008年、2010年、2013年、2017年做出修订,且《著作权法》《专利法》分别于2011年、2014年启动新一次的修改工作,著作权法修订草案、专利法修订草案、反不正当竞争法修订草案、反垄断法修订草案,以及滥用知识产权的反垄断指南草案、知识产权与竞争纠纷行为保全案件司法解释草案等公开向社会征集修改意见,其中《商标法》《反不正当竞争法》于2019年完成新的修改。在其他与知识产权相关的领域中,颁布《电子商务法》、修订《促进科技成果转化法》等维护新兴市场主体的利益,促进科技成果的进一步转化。知识产权立法现代化进程得到进一步推进。

1. 对创新发展新形势做出回应

为适应互联网技术和信息技术的飞速发展,我国知识产权立法已经作出一定的回应。如2010年《著作权法》增设了著作权出质登记的规定,这是对知识产权市场化、金融化发展趋势的适应。2008年《专利法》增加了对遗传资源利用的专门规定,新的《专利法草案》中又涉及互联网环境中专利侵权责任的承担问题,试图将避风港原则适应性地纳入专利制度中。2013年《商标法》增加"声音"为新的保护客体,2017年《反不正当竞争法》则在原法律的基础上新增了专门的"网络反不正当竞争"规定。此外,在2016年、2017年分别颁布了《网络安全法》和《信息安全技术个人信息安全规范》,这意味着我国正在试图规范信息和数据市场,意图在保护个人信息安全的同时,促进经济社会信息化健康发展。

上述法律修改主要关注互联网技术和科技金融的发展对知识产权制度和知识产权市场带来的挑战和冲击。

2. 严格知识产权保护,提高侵权成本

自2008年《国家知识产权战略纲要》实施以来,我国知识产权有关立法与修法工作倾向于严格知识产权保护。新的《专利法草案》加大了侵犯专利权行为的赔偿力度,将最高赔偿额从一万元到一百万元,提高为十万元到五百万元,并且明确了网络服务提供者对专利侵权的连带责任,其目的在于大幅提高侵权违法成本,加强对专利权人合法权益的保护。而新修订的《商标法》也将侵犯商标权行为的法定赔偿数额上限从三百万元提高到了五百万元,《反不正当竞争法》则在原来的基础上对商业秘密加强了保护。总体来说,为营造良好营商环境,促进创新,我国更加严格地保护知识产权,通过提高侵权成本和加重赔偿数额来打击知识产权恶意侵权行为,以此规范创新市场。

3. 维护互联网市场的公平竞争秩序

随着互联网技术的发展和深入应用,目前我国已经形成"互联网+"的消费模式。互联网环境中的知识产权侵权行为更加隐秘且权利人维权难度更大,对此,《反不正当竞争法》致力于规范互联网市场的公平竞争秩序,而《著作权法》《商标法》《专利法》也对互联网市场中的严重侵权行为做出了相应的回应。

此外,作为新形成的商业模式,"微商"等借助各类互联网平台发展扩张的销售模式缺乏统一的规范和管理,从而引发了一系列工商、税务、质量、消费者权益保护、知识产权侵权等多方面的问题。2019年《电子商务法》针对电子商务经营者建立了统一的工商登记、税务管理、消费者评价体系和知识产权侵权救济措施等的制度,这使法律制度更加具有电子商务行业的包容性,鼓励了创新和健康的竞争,从而为整个行业的创新提供了法律保护。有法律使电子商务市场逐渐标准化和系统化,保护电子商务从业人员的知识产权,越来越多的人可以投资进行产品研发创新和商业模式改革而无须担心。电子商务行业继续注入新鲜血液和活力,并朝着更好的方向促进整个行业的发展。

4. 促进科技成果转化立法得到进一步完善

科技成果转化对于新技术的运用和再创新极为重要,2007年修订的《科学技术进步法》项目承办单位有权享有知识产权,独立实施科技成果转化,同时利用国家干预的权利制止该单位滥用知识产权。其中,授予项目负责人自主的科技成果转化权是主要目的,试图突破行政部门对知识产权转化的过度限制。这一修订有利于促进科研单位、高等院校科技成果自主转化,加快科技产业化、知识产权市场化的步伐。

此外,2015年修订的《促进科技成果转化法》在法律层面上推进了科技成果使用权、处置权和收益权改革,彻底解决了科技成果的所有权问题,明确了职务科技成果的含义,平衡了国家、单位与个人权利义务关系。

(二) 立法中目前存在的问题

1. 新业态、新领域中创新创造者的利益保护不足

现行的知识产权制度对职务成果权属及其利益分配已做出基本的规定,但在实践中,仍然存在创新创造者的利益无法获得应有保护的现象,以及创新创造者收益较低的问题,且法律制度对于职务成果非职务化和个人或第三人非法获取职务成果的行为缺乏严厉有效的规制,严重影响了创新创造者的创新积极性。

在著作权市场中,由于社会分工更加明确,作品的市场传播和利益运作依赖于出版与网络平台巨头,作者的利益日渐受到排挤和打压。创新创造者沦为底层的生产者,庞大的市场利益大多为传播者所收割,著作权的市场利益分配不均衡,且传播者以市场传播为筹码劫持创新创造者,为作者自由行使其权利制造障碍,其地位和利益亦遭受巨大损失。长此以往,创造者将成为传播者或者说产品经营者豢养的生产线,打击创新创造者进行新型研究和突破性创造的积极性,知识产权制度也存在被异化为资本垄断和市场利益收割的工具的风险。

2. 现行知识产权保护体系不够健全

我国知识产权法律规定比较分散,欠缺体系化、系统化、合理化,现行的各种知识产权单行法之间存在某些不协调乃至冲突的地方。

2017年《反不正当竞争法》的修订仅对整部法律做了小幅度的修改,使得现实社会中大量的非属"经营者"范畴的权利主体之间的冲突无法纳入,法律框架也与原法保持一致。且作为竞争基本法,将网络领域的竞争规则纳入其中,虽可说是对新形势的回应,但也存在冲淡竞争基本法价值的隐患。新技术的发展使得新业态、新领域、新商业模式争先恐后地萌发,竞争问题将来必不仅仅出现在互联网等几个有限的领域,《反正不正当竞争法》也无法随着新形态的出现而做出频繁修订。这样一来,《反不正当竞争法》既无法与时俱进地、具有前瞻性地发挥竞争基本法的作用,也无法适应新业态、新领域的迅速发展。

商业秘密的知识产权保护条款，分散规定于《民法通则》《合同法》《反不正当竞争法》和《刑法》中，至今未能制定专门的《商业秘密法》对商业秘密权的主体、客体以及侵权商业秘密行为的法律责任进行统一的规定，商业秘密侵权领域的民事、行政与刑事程序的衔接不畅，使得商业秘密的现实保护程度较弱，且司法机关也缺乏充足的法律规定作为实务指引，从而导致商业秘密的司法实践较为混乱。

我国地理标志的知识产权保护体系一直呈现混乱无序的状态，与地理标志有关的标志分别由《商标法》《地理标志产品保护规定》《农产品地理标志管理办法》进行保护，三种保护制度相互重叠交叉，分属于不同的行政机关主管。在三种保护体系未能明确划分保护范围并进行相互区分的情形下，权利冲突的情况在所难免，使得地理标志的保护缺乏统一性。

我国目前对实用艺术品主要通过专利法进行保护，而在《著作权法》修订过程中，送审稿拟将实用艺术品纳入著作权法的保护范围，两种保护方式的保护期限不同，获得保护的难度和门槛各不相同，因此保护角度也应有所区别，否则会在实践中产生问题。

我国的商标保护仅限于商业标识的专用权，商标权与其他权利在实践中存在权利冲突的现象，如商标权与商号权的冲突、商标权与外观设计专利权的冲突等。其原因就在于法律没有对相关问题进行规定或者规定不明确，各个权利的确权机制和公示机制尚不完善。此外，商号权的保护规定散见于《民法通则》《企业名称登记管理规定》《公司登记管理条例》《产品质量法》《反不正当竞争法》，没有专门的法律明确商号权的内容、保护范围以及知名商号的保护方式。

我国现行《著作权法》早已将民间文学艺术作品的著作权保护办法授权于国务院另行规定，但是目前国务院尚未制定出专门的保护条例。然而，民族民间传统文化和民间艺术是科学创新与文学创作的重要源泉，其所具有的巨大的产业资源价值正引起社会各界的高度重视。如若对传统文化和民间艺术疏于保护，一方面将导致文化源泉逐渐消亡的后果，另一方面其作为发展中国家在国际社会与发达国家进行知识产权谈判的重要筹码的功能将难以发挥。

此外，植物新品种、生物遗传资源、数据库等有关法律制度或缺失或并不完善，已存的法律规定仅仅为履行相关国际条约义务而制定，并不完全适应我国国情，更无法适应当前新技术的飞速发展。

3. 现行知识产权制度对新业态、新领域的包容度不够

现行知识产权制度虽然对新技术的发展做出一定的回应与修改，但从总体上来说，其不仅仅存在不适应新技术发展的问题，即滞后性，更存在缺乏前瞻性和包容性的问题，即对新业态、新领域的新现象的包容度不够，进而无法起到推动新业态、新领域继续发展的作用。要促进新业态、新领域中的创新创造，则必然要加强相应领域和重点前沿行业中知识产权保护，以此来促进目标行业和新兴科技的健康飞速发展。

新技术的涌现使得人们得以运用新的形式来表达思想，其直接的结果就在于新的作品形式的出现。考虑到我国目前对于作品类型的封闭列举式立法模式以及司法机关有限的解释权，著作权法现有的规定很难对新型表现形式进行准确的定性并提供应有的保护。

此外，数据库方面的权利也值得关注。随着大数据技术的成熟与运用，国外已经有针对性数据库相关权利进行保护的尝试。这也是因为，对数据的收集、利用、开发、保护等对数据的利益挖掘行为导致了数据和个人信息层面需要法律来进行相应的规范和利益分配。《网络安全法》这部法律以及《信息安全技术个人信息安全规范》这一标准规范在一定程度上为信息网络市场秩序的维护提供了依据，但其二者是从网络安全和个人信息安全的角度出发，而非从知识产权的角度，数据库权利的地位和保护模式还需要法律进行进一步明确。

新技术与产业的加速融合催生新的商业模式，在共享经济时代，新理念可能带来商业模式和利益分配上的革新。新兴商业模式能够盘活市场，催生新兴行业，诱导新技术的研发方向，因此，知识产权制度需要对新兴商业模式足够的包容度。而现阶段我国知识产权制度不涉及对新商业模式的保护，更遑论对商业模式的创新提供足够的激励。

近年来，我国实用艺术品市场飞速发展，与新技术的结合使得其产业特色向个性化、定制化方向发展，而实用艺术品的知识产权保护并不突出，著

作权制度提供的保护需要排除非独创性要素,难以为实用艺术品提供切实有力的保障。

此外,在遗传生物资源、人工智能、植物新品种等新兴行业,现有的知识产权制度无法发挥重点保护作用,由于上述新业态、新领域创新成果注重商业模式的构建与实现,自我更新速度快,产品生命周期短,现有的知识产权制度并不能很好地适应上述领域创新的特点和保护需求。

4. 现行知识产权制度对知识产权救济程序的监管不足

严格知识产权保护,不仅要提高侵权成本,还应当关注知识产权救济程序及其实施的社会效果。一方面,由于知识产权实施、执法、救济过程缺乏监管,导致一些地区或领域出现唯知识产权为禁止的滥用现象。这种权利滥用会影响公众对知识产权的理解和印象,阻碍公民知识产权意识的培养和形成,更会使得知识产权制度产生遏制创新的不良影响。而后续救济制度的缺位也使得知识产权权利滥用的受损害者无法得到应有的、及时的救济,从而使知识产权成为劫持者手中敲诈的工具。

另一方面,由于知识产权制度尚不能为新业态新领域中创新成果提供高质量的保护,而权利滥用的加剧无疑会给新业态新领域中的知识产权保护状况雪上加霜。与传统行业不同的是,新兴行业创新创造者如果遭受知识产权劫持,很难在现有的知识产权制度框架下获得切实的救济。

三、重点任务和重点措施

(一)任务

1. 促进新兴行业中各方主体利益平衡

以立法的方式构建新业态知识产权保护机制,以平衡各方利益,带动创新者的创新积极性,促进新业态的积极、健康与长期发展。尝试对一站式服务的统一数字数据库平台进行立法规范,确保在平台交易服务中的利益平衡问题。建立统一的一站式服务数据库平台,可以使知识产权的收集、传播、转化与交易更为便捷与公平,有利于促进新业态的发展。

2. 完善现行知识产权保护体系

对现行知识产权保护体系进行完善,一是要对分散于不同法律法规与司法解释中的知识产权保护客体进行统一立法保护,例如,地理标志、商业秘密和实用艺术品等;二是要对适合国情的知识产权进行保护,例如传统知识、民间文学艺术等。

3. 加强新业态、新领域中创新成果的知识产权保护

加快新兴领域和业态知识产权保护的法律建设,研究物联网、大数据、人工智能、云计算以及量子计算等新技术领域的知识产权保护规则,完善知识产权相关法律制度,加强新业态新领域创新成果的知识产权保护。一方面有必要密切关注国际知识产权的发展,适当扩大知识产权保护的对象;另一方面需要结合本国相关产业的发展状态与趋势。

4. 协调知识产权严格保护与维护市场公平竞争秩序的关系

在严格知识产权保护的导向下,应明确知识产权保护与知识产权滥用之间的关系。应该明确的是,权利滥用的存在不一定与权利保护法律制度的水平有关。应当建立统一的针对知识产权保护市场调查机制与监管机制,以《反垄断法》和《反不正当竞争法》为依据,公平合理地保护知识产权。

(二)措施

1. 保护创新创造者利益的同时平衡市场各方主体利益

(1)完善职务成果利益分配的监管机制和救济制度。防止职务成果非职务化、个人成果职务化、个人或第三人非法获取职务成果等违法行为,切实保护创新创造者的应得利益。

(2)构建统一完善的著作权登记管理制度。统一的著作权登记管理制度能够为著作权人确权提供可靠有效的证据支撑,而在网络环境下,更有防止权利管理信息被篡改的作用。

(3)建立可靠可信的著作权集体管理制度。著作权集体管理制度有利于著作权人积极有效地实现市场利益,同样的,集体管理组织也需要信用监管制度,来保证集体管理组织公平公正地代表著作权人行使权利。

(4)探索构建统一数字数据库交易平台。交易平台以中立的第三方角色参与知识产权交易,平台规则应保持公平公正,以平衡知识产权市场交易各方主体利益为目的。

2. 完善新业态、新领域发展相关的现有知识产权保护制度

(1)完善地理标志保护制度,明确地理标志与商标保护制度的关系与区别。地理标志的保护于我国至关重要,且存在发展新业态的潜力。地理标志的保护应当与单纯的商标保护制度做出一定程度的区分,突出其保护价值和保护地位,充分发挥地理标志对地方产业的带动作用。同时,需要建立完善的确权制度和救济制度以加强对地理标志的保护。

(2)完善植物新品种保护制度。随着生物技术和基因技术的发展,植物新品种的保护变得更加重要。植物新品种的保护制度应当从多维度进行完善,包括权利的行使和救济制度,以及农民的留种权制度。

(3)完善生物遗传资源利用和保护制度。对生物遗传资源的研究形成的研究成果可通过专利制度来进行保护。

(4)完善实用艺术品外观设计专利保护制度。明确实用艺术品的专利审查和授权标准,明确实用艺术品的专利保护与著作权保护的区别,防止同一客体的重叠保护和冲突保护。寻求适合诸如实用艺术品这一类生命周期短、更新换代快的产品保护模式。

(5)完善商号权保护制度。明确商号权与商标专用权的权利界限,妥善解决两者的权利冲突问题;明确商号权的法律地位和保护范围,建立健全权利救济制度。

(6)完善传统知识、民间文学艺术的保护制度。探索传统知识与民间文学艺术的更优保护模式,促进其单独立法。

3. 扩大知识产权的保护客体以适应新业态、新领域的发展

(1)探索建立商业模式的知识产权保护制度,给予商业模式类似专利权的保护。商业模式的保护价值多发挥在新业态新领域中,宜为商业模式提供类似于专利权的保护,可赋予其弱于专利权保护程度的弱垄断性保护。为寻求商业模式保护的理论支撑,应探索研究商业模式在市场中利益的实现方式,如许可利用、合作开发等,从保护内容、保护要求等方面建立完善的商业模式保护制度。

(2)探索建立数据库的知识产权保护制度。探索数据的收集、查询、利用、许可使用等多种权利及其限制制度,在保护个人信息安全的前提下为数

据库的保护提供更多空间,促进大数据和人工智能行业的健康发展。

4.完善科学技术产业转化立法

完善科学技术产业转化立法,建立合理的科技成果利益分配机制,在提高创新创造者的创新积极性的基础上,加强院校和科研机构在成果转化中的主体地位,对其在成果转化过程中应采取的保护措施,以及应当发挥的组织、管理和协调作用进行进一步的细化规定,激励促进先进科技的产业转化,提高我国专利技术的产业转化率。

5.建立对知识产权保护的监管机制

①建立统一的针对知识产权保护市场调查机制与监管机制,监控知识产权权利保护、执法以及救济程序的落实和公平竞争状况,对权利主体以及国家机关启动的知识产权保护程序和诉讼程序进行监管与评估。

②在立法层面明确知识产权滥用行为的法律性质及其法律责任,构建相应的、便捷的救济措施和救济程序。

第四节　实现知识产权立法的国际化

一、背景和形势

知识产权既是推动创新的重要规则,也是经济全球化下参与国际竞争的有力工具。国际经济贸易的发展催生了知识产权国际保护体系,经历形成期、发展期,进入 WTO 框架下以 TRIPS 为主导的知识产权变革期。

(一)后 TRIPS 时期知识产权国际造法新趋势

1.贸易保护主义抬头,逆全球化趋势明显

英国公投脱欧,美国退出《跨太平洋伙伴关系协议》(TPP),力推保护贸易主义,全球治理赤字加剧,逆全球化趋势明显。2018 年,美国通过加征进口关税和启动"301"调查等方式掀起对华贸易战,中美关系进入四十多年来未有之紧张状态。此次贸易战争不仅是两国经贸实力的较量,也是全球经贸规则制定的话语权之争。尽管 G20 大阪峰会释放了积极信号,中美经贸摩擦业已演变成长期性的问题,需要积极对话,灵活应对。

2. WTO改革走向不明,诸边谈判成新策略

多哈回合谈判陷入僵局,WTO上诉争端解决机制面临停摆。虽然美国、欧洲、加拿大、中国均已就WTO的改革提交建议,但各方的利益诉求短时间难以达成一致,WTO前景尚未明朗。在TRIPS以外,围绕知识产权的双边、小多边探讨热烈,其中不乏超出WTO授权和监管范围的协议达成。

3. 典型国家知识产权立法的国际化趋势

全球化与逆全球化激烈博弈之下,知识产权立法的国际化依然是各国发展的必然诉求。美国较早的将知识产权列入美全球贸易政策的优先日程,视为经济安全战略的重要任务。时至今日,特朗普虽也就WTO改革提交建议,但其活动重心已转向双边贸易谈判,以美-加-墨协议(USMCA)、美韩协议和正在谈判的美日协议为代表。日本在国际组织框架下主动调整谈判立场,其知识产权战略的国际化进程有所加快。此外,加拿大与欧盟密切合作下签署了《全面经济贸易协定》(CETA)和《CIPO引进CPC谅解备忘录》,双方在知识产权方面的战略合作被推向更高水平。2018年《美国-墨西哥-加拿大协定》(USMCA)出炉,其中部分条款再次表明发达国家提高知识产权保护水平,阻止自由开启第三方谈判的意图,由于该协议暂未在美国国会获得批准,面临搁置可能。

(二)中国知识产权立法国际化的新需求

党的十九大提出,建设现代化经济体系,要推动形成全面开放新格局。新时代条件下的开放型经济发展,需要培育国际合作竞争新优势,建构合作共赢的知识产权国际新格局。与世界知识产权组织、美国、欧盟、澳大利亚等相继建构知识产权国际合作关系,成果丰硕。我国重要战略文件中涉及知识产权立法国际化的有关内容梳理如表2-1。

表2-1 我国重要战略文件中涉及知识产权立法国际化的有关内容

时间	战略文件	所涉主要内容
2008	《国家知识产权战略纲要》	加强知识产权领域的对外交流合作,积极参与国际知识产权秩序的建构,有效参与国际组织有关议程
2013	《2013年国家知识产权战略实施推进计划》	加强对传统优势领域知识产权资源的保护,提升国际应对水平
2015	《国务院关于新形势下加快知识产权强国建设的若干意见》	加强知识产权司法保护对外合作,完善涉外知识产权执法机制积极参与国际标准制定,推动创新技术转化为标准
2017	《2017年深入实施国家知识产权战略加快建设知识产权强国推进计划》	积极推动"一带一路"沿线国家、金砖国家知识产权合作。拓展企业参与国际和区域性知识产权规则制修订途径
2018	《2018年深入实施国家知识产权战略加快建设知识产权强国推进计划》	深化知识产权国际交流合作,提升对外合作水平,加强重点产业海外布局和风险防控
2019	《国家知识产权局2019年工作要点》	大力推进"一带一路"沿线国家知识产权合作走深走实……配合妥善应对中美经贸摩擦,积极参与有关自贸区协定知识产权议题谈判……继续推进中美欧日韩、金砖国家等小多边知识产权合作,统筹双边合作,深化周边合作,进一步加快世界一流知识产权审查机建构设

由上观之,我国知识产权战略层面对国际化工作日益重视,从切实履行国际规则,完善涉外知识产权保护,到深化国际交流合作,主动推进区域贸易谈判,立法的国际化进程加快,主动性增强。面对日趋复杂的国际形势,要以更加良好的战略定力以及富于智慧的全球治理方案回应世界期待。

二、现状和问题

(一) 知识产权立法国际化的现状分析

知识产权立法的国际化主要表现为两个方面:一是国内立法的国际化,表现为国内法对国际规则的衔接与适用;二是积极参与知识产权国际规则建设,在国际舞台上表达利益诉求和争取发展机会。我国知识产权立法的国际化也表现为国内与国际两个层面的统筹发展,具体概括如下。

1. 国内立法的国际化进程加快

中国的知识产权立法,仅用了三十年时间便走过了西方国家两百年的历史进程。[①] 国内立法的国际化进程加快,短期内实现与国际接轨,修法动因逐渐由适应国际规则转向创新驱动,基本结束了被动接受的进程。此外,我国在法律移植过程中也十分重视与本国国情的契合性,一方面注重知识产权氛围的塑造,在制度借鉴的同时注重知识产权私法观的培育;另一方面利用国际规则弹性条款进行制度转化,在生物多样性、遗传资源、民间文艺等领域有所突破。

2. 积极开展国际合作,向世界贡献中国方案

《国家知识产权战略纲要》实施十余年来,我国在知识产权国际合作中完成从寻求合作者到规则参与者再到主动引导者的角色转变,国家利益得到切实维护。《国家知识产权战略纲要》实施初期,我国积极开展与各国和国际组织间的交流合作,与多国开展专利审查高速路合作机制,缔结首个在华国际知识产权保护条约——《视听表演北京条约》;实施中期,伴随着WIPO 设立中国办事处,"清风行动"等海关执法维护"中国制造"的良好形象,我国开始积极参与涉外知识产权工作,完善知识产品对外贸易规则;2016 年至今,秉承开放的区域合作精神,中国提出共建"一带一路"倡议,呼吁建构人类命运共同体,探索合作共赢的新型国际关系建设,受到世界

---

① 吴汉东:《国际化、现代化与法典化:中国知识产权制度的发展道路》,法商研究2004 年第 59 期。

欢迎。

3.维护多边贸易体制,积极推动WTO体制改革

中国是多边贸易体制开放进程的受益者。在贸易保护主义蔓延、区域主义盛行的背景下,WTO改革为各国提供了重新审视规则,进行利益协调的机会。中国是WTO多边体制的积极参与者、坚定维护者和重要贡献者。

(二)知识产权立法国际化现存问题

(1)传统多边贸易体制受到冲击,中国在新的国际知识产权规则建构过程中话语权仍旧存在不足。近年来,尽管我国积极维护多边贸易体制,但业已形成的多边贸易格局正不断受到挑战,个别国家的单边保护主义倾向存在抬头的趋势。其中以中美贸易摩擦尤为显著,其背后隐含的知识产权冲突也愈发明显。中国经常受到美、日、欧等发达国家和地区建构的知识产权合作机制的排斥,在我国参与的国际知识产权合作机制中也存在着被动受制于发达国家的现象,如我国主动提出的议案数量较少,远低于发达国家;同为发展中国的巴西、阿根廷等国所提发展议程在国际上的受重视程度也远高于我国。种种现象正是我国的国际知识产权话语权仍存不足的表现。

发达国家通过世界贸易规则、投资规则、知识产权保护规则的制定,在过去的几十年间实现了单边的知识产权变革,占领了国际规则制定和跨国审查的优势地位,借此树立了西方世界在全球经济的领导权,并对中国实施知识产权外交压力。一些在知识产权领域较为活跃的发展中国家也逐步找到了适合自己阶段的发展方式,而中国则在知识产权制度和规则建构方面仍经验欠缺。

(2)中西方国家知识产权文化存在沟通隔阂,不利于良好国际环境的营造。中西方国家在知识产权制度功能、价值方面的认知存在较大差异,且缺乏对于不同知识产权文化理念的有效沟通,不利于各方达成共识。具体而言包括如下几个方面:

第一,西方发达国家的先进技术要求强有力的知识产权高标准保护,以此维护其独有的技术优势和技术垄断地位;而发展中国家则更多地强调知识产权的政策工具价值,希望设立与自身的发展阶段和发展水平相适应的知识产权保护标准,以此保持自己在价格方面的优势。西方国家更习惯以

单向竞争思维看待大国关系,将国际交往视作利益的博弈与妥协,其民间的一些汉学家曲解中华文化,指摘中国无知识产权文化基础,从而佐证向中方"输出"和"教化"其知识产权文化的正当性;目前我国的知识产权文化理念传播多以政府为主导,途径单一且易为受众扭曲,这种偏见和误解对发达国家影响极深。西方发达国家在多个场合极力要求中国设立更完善的知识产权制度和实现更高标准的知识产权保护,双方基于对知识产权制度不同的价值理念和自身的发展需要,产生了在利益方面的不同诉求,加剧了中西方国家或发达国家与发展中国家之间的冲突。

第二,中国与"一带一路"沿线地区国家在知识产权文化上也存在较大差异。"一带一路"经贸区跨越多个文化区域,如中亚五国以伊斯兰文化为内核,而印度以传统佛教文化与现下基督教文化的融合为特征等,不同的文化环境也影响了各国知识产权事业的发展情况。据统计,尽管各国知识产权发展水平存在差异,但总体表现出同一文化区域的国家知识产权法律发展特征与问题具有一致性的特点,这在建构"一带一路"区域的知识产权合作机制中凸显为制度对接存在困难的问题。

(3)"一带一路"经贸区域知识产权一体化程度较低,各国制度衔接存在阻碍。"一带一路"战略是我国在建立知识产权国际保护新体制中一次难得的历史机遇,同时也是一项挑战。自"一带一路"战略实施开始,我国已经在知识产权审批、专利申请互认和知识产权人才培养等多个方面取得了重大突破和成就,但与此同时,推进"一带一路"战略仍遇到如下难点与问题:"一带一路"区域沿线国家知识产权发展水平存在较大差异,知识产权制度完善程度存在差别。"一带一路"经济区涵盖亚洲、欧洲和非洲的三个主要领域。各国之间在知识产权相关行业、法律、价值和文化方面存在巨大差异,这进一步促进了区域知识产权的整合,并带来了阻碍。

(4)高端人才在国际知识产权立法活动中缺位,私人团体在国际规则建构中相对被动。第一,在有关知识产权立法活动的人才培养和输出的问题上,一方面我国在"一带一路"经贸区内的合作已经取得了一定的成果。"一带一路"经贸区沿线国家的知识产权人才培养计划在我国的协助下正有序开展,为今后的知识产权制度区域一体化奠定了基础;另一方面,我国在世界更大范围内的知识产权人才输出还存在着不足。我国缺少熟悉国际规则的知识产权专门人才和知识产权与国际法交叉学科的人才、缺少具有实战经验和谈判经验的知识产权专门人才,这些问题使得我国在国际论坛中的谈判后备力量存在不足,同时也体现在国际知识产权组中代表中国利益的高端人才的缺失。

第二,利益集团在西方发达国家知识产权的发展和国际规则的制定中产生的影响力日趋增强。一方面体现为商业巨头对产业政策,进而对知识产权政策和规则的影响;另一方面各类民间非官方组织(如各国的智库)发布的调查报告在世界范围内具有较大的影响力,这种类型的组织通过游说,媒体和各种论坛来传播和引导公众舆论,以提供战略见解和问题解决方案。其调查报告往往具有国别的立场,因而在客观性方面存在不足,但尽管其有失公允,依旧有可能从源头上对中国或其他发展中国家产生不利的影响。反观我国的民间组织和商事组织在国际舞台上仍未表现出太多的热情和能力,比起发达国家与发展中国家的阵营划分,在国际知识产权舞台上正呈现出以利益集团为划分标准的结合方式,这就迫使我国民间私人团体更加积极主动地加入国际知识产权规则建构活动中,需在短时间内提升自身知识产权能力和水平。

三、任务和措施

(一)主要任务

(1)用区域带动全局,全面建构体现中国立场的知识产权话语体系。从两个方面实现中国知识产权话语权的提升,主要包括以下两个方面。

一方面,在以西方为主导的既有知识产权合作机制当中,适当改变我国关注的核心领域,并逐步建构新的优势领域,从谈判遇冷的遗传资源、传统知识和民间文艺以及地理标志等领域逐步转向专利、商标等价值更高,但属于西方国家的传统强势领域;增加我国在国际知识产权组织高层决策人员的人才输出,以"一带一路"经贸区为前沿促进建立更公平、更全面的国际知识产权保护体系,增强中国和发展中国家在国际知识产权保护中的呼声。

另一方面,面对中国主导下"一带一路"经贸活动中存在的知识产权制度风险,实现"一带一路"地区知识产权体系的整合。

(2)加强国内、国际双向促进作用,实现多重机制互动。

第一,建立一个三维的知识产权国内机制网络(国内自由贸易区自由贸易区),双边机制(国际自由贸易区自由贸易区),区域合作机制("一带一路")和多边机制(WTO 和 WIPO),深入研究不同机制之间的关系,建立有效的联系,实现机制之间的协调与互动,积极推动双边知识产权合作,促进区域全面经济伙伴关系协定,中国与日本、韩国,中国与挪威,中国与摩洛哥,以及其他自由贸易区知识产权章节"谈判",充分发挥国内制度创新与国际制度创新的双向促进作用,进而建构符合我国利益的知识产权规则。

第二,在国内制度创新方面,着重考虑关于知识产权的产业政策,进一步制定和完善包括《专利法》《商标法》《著作权法》《商业秘密法》,以及对外贸易中有关知识产权保护的立法,新领域、新业态知识产权等方面的国内立法。

第三,在国际制度创新方面,加强我国优势领域知识产权立法。完善我国相关法律制度的同时,应当加强与不同机制内国家就知识产权问题的立法交流与互动,提升国内知识产权制度的国际影响力。

(3)利用国际灵活空间完善国内立法,确定宽严相当政策规则

第一,在知识产权保护标准问题上,我国应当理性认识自身的发展阶段,正确认识自身的角色定位。尽管我国的经济、科技水平有一定程度的提高,但仍旧应当注意避免在基本立场上的动摇。我国不应当成为发展中国家的领导者,更不可能做发达国家的追随者,最优选择应当成为相对独立的积极协调者,继续秉持发展中国家的基本立场,以此为基础制定最有助于我国现阶段发展的知识产权保护标准。

第二,在国内战略与国际战略上实现差异化,采取"内紧外松"的策略。在国内,适度提高知识产权保护标准,对海关执法、自贸区建设等薄弱环节加强立法,实施更为严格的知识产权保护,以激励和保护本土企业的创新热情;国际上,仍应当主张知识产权的适度保护。这可以为我国国内知识产权立法争取更大的灵活性和政策空间,对不同行业部门实行差异化的知识产

权保护政策,以帮助我国企业更好地走出国门、走向世界。

(二)具体措施

(1)扩大知识产权文化宣传格局,实现知识产权文化现代化转型。中西方知识产权文化理念的隔阂将是国家间发展理念冲突、体制构建差异的隐形障碍。为此我国应吸收人类共同法律文明成果,整理中华传统文化的优秀内核,实现知识产权文化现代化转型。首先,应系统挖掘中国传统文化合理内涵,培育和建构具有中国特色的知识产权文化。其次,增强文明互鉴,向世界传播中华文化"和而不同,兼收并蓄"思想的同时,进一步创新和拓宽文化交流沟通渠道。一是对部分西方国家诸如"窃书为雅罪""盗亦有道"等脱离现实语境,断章取义的偏见予以纠正和澄清;二是对孔子学院、文化外援项目、国际进口博览会等大型活动中中华文化的海外传播效果以及传播方式开展评估与调研,提升国家大型文化交流项目的有效性;三是在政府层面之外,鼓励民间开展理性有效的对话交流,培养高素质媒体人才,用国际化传播平台客观真实的传播中国文化,化解共识危机。最后,在传统知识、商业秘密、生物资源等国际上尚未达成共识的法域,需以新时代的法治观和发展观指导未来其立法和政策设计。

(2)建构多层次国际合作机制,重塑多边经贸规则。未来国际经贸规则的走向至少存在两种可能:一是区域贸易进一步发展之下达成一系列有别于 WTO 的成果并逐渐多边化;二是将各方诉求纳入 WTO 框架下进行现代化变革,重塑多边经贸规则。鉴于当前国际环境,TRIPS 依旧是我国知识产权立法的强制性前提,只有坚持在 TRIPS 框架内谈判,才能为我国知识产权立法争取更多自主权。因此,一方面中国应坚持积极推动 WTO 体制改革的基本立场,不轻易破坏已经形成的多边贸易体制,在 WTO 现代化改革中发挥更大作用。就上诉机构成员遴选等紧迫性问题积极牵头协商,在大数据、网络治理等问题上贡献中国经验。另一方面也要继续开展双边或区域谈判,加快中欧投资协定、中日韩自由贸易协定谈判进程,在 USMCA 暂时搁置的情况下考虑克服困难积极对话,重启停滞已久的中加自贸协定,将更多国家拉回多边舞台。多哈谈判的诸多议题因成员国诉求差异极大,难以达成共识,但其中有关减少农业贸易壁垒、推动贸易便利化等议题也可考虑进行小多边谈判。另外,密切关注西方国家的秘密协商进程以及已达成协议的内容,绝不能游离于任何可能性之外。

(3)实现"一带一路"区域知识产权制度全面衔接,加快重点领域差异协调。

一是推进区域知识产权一体化规则和国际知识产权规则相融合,以此为我国企业走出国门提供更为安全的海外发展环境,并实现了基于国际知识产权保护的国家的最低保护标准,互利共赢。二是协调中国主要贸易伙伴国家在航天、生物技术、金融、能源、交通等贸易合作项目等关键贸易领域的知识产权立法,坚持"强调"和"协调差异"政策,在制定国际知识产权规则和国际经贸活动中维护国家利益。三是实现知识产权文化层面的相互理解,逐步形成对知识产权领域人类命运共同体的理念和价值的认同。四是考虑依靠"一带一路"地区知识产权组织,例如东盟知识产权合作组织、欧亚专利组织、欧洲专利组织等,它们致力于解决不同主题之间的冲突,并在整个国际贸易体系的建设和改革中增强区域组织的话语权。

(4)加强海关执法和自贸区建设,主动设计边境保护条款。国际贸易中,欧盟、美国等发达国家将边境措施视为知识产权保护的"第一道防线"。我国的边境执法保护标准以及保护范围虽已完全符合 TRIPS 协议的要求,但当下日趋繁荣的小包裹贸易以及日渐复杂的贸易线路对海关执法和自贸区建设提出现实挑战。来自欧盟和美国的最新报告显示,自由贸易试验区已经成为知识产权侵权的重灾区,其中中国香港在侵权产品来源地和中转地中所占比重不断上升,可能成为将来发达国家的又一发难点,本国发展以及国际形势都要求我国进一步加强知识产权海关执法和自贸区建设。例如,适时修改《海关法》《对外贸易法》《知识产权海关保护条例》,完善有关过境、转运、通运货物的知识产权执法检查条款,健全过境、转运、保税等特殊通关程序机制。加强国际合作与协同治理,推进区域间联动执法,扩大国际交流与合作,提高合作质量与规模。另外,在遵守 TRIPS 协议的基础上可考虑主动设计知识产权贸易边境措施条款,为"一带一路"和"自由贸易区战略"提供谈判样本,逐渐形成自身的话语权体系。

第三章 知识产权司法保护

第一节 知识产权司法保护的基本理论

一、知识产权司法保护的内涵

(一) 知识产权司法保护的概念

知识产权司法保护,指司法机关依法适用法律对知识产权侵权纠纷进行审理和裁判,以及采取临时保护和其他相应的救济措施。知识产权司法保护是全球通行的国家为保护知识产权而设立的知识产权侵权救济程序,主要是民事诉讼程序和救济,也包括对严重侵权行为的刑事制裁和对行政裁决提供的司法程序救济。① 更深入地细分,知识产权司法保护包括狭义和广义的概念。从狭义上讲,知识产权的司法保护是指应知识产权所有人的请求,审判机关通过履行职责,审判责任刑事案件或者通过知识产权行政诉讼,审查具体行政行为和其他司法活动的合法性,以保护权利人和利害关系人的合法利益。而从广义上讲,除了对审判机关的司法保护外,还包括公安机关和检察机关在调查知识产权刑事和行政案件的侦查、监督、提起公诉和

---

① 管育鹰:《关于我国知识产权司法保护战略实施的几点思考》,《法律适用》,2018年第11期。

司法监督等方面的活动。

(二)知识产权司法保护的类型

知识产权的司法保护根据保护对象、保护方式、保护主体的不同可分为不同的类型。第一,根据保护对象的不同,知识产权司法保护可分为专利权、商标权、著作权、商业秘密司法保护等。不同的对象具有不同的特征,在具体的司法保护中,证据的类型、证据形式、管辖层级、审判程序等差异很大。第二,根据保护方法的不同,知识产权的司法保护可以分为民事、行政和刑事司法知识产权保护。第三,根据保护对象的不同,知识产权的司法保护可以分为公安、检察机关和司法机关的司法保护。

(三)知识产权司法保护与知识产权诉讼

知识产权的司法保护主要是通过诉讼来实现的,即由司法机关、检察机关、公安机关、知识产权持有人和利害关系方等诉讼人参与。因此,知识产权的司法保护与知识产权诉讼既相关又不同。知识产权的司法保护具有积极性,强调国家司法机关依职权对知识产权保护的过程和作用,而知识产权诉讼则由不同诉讼人的参与决定,具有很强的被动色彩。知识产权司法保护的概念突出表明了国家对知识产权法律保护的重视,以鲜明的政治宣言表明了知识产权在国家法律保护中的地位;而知识产权诉讼的表述没有以上含义和表达。

二、知识产权司法保护的特点

(一)知识产权司法保护的价值取向

知识产权保护与创造和应用在同一重要位置。因此,在知识产权的司法保护中,权利人合法权益的保护始终处于核心地位,强调了对权利人合法权利的恢复。对于知识产权侵权的司法救济,我国的理论与实务界已基本达成共识,即除传统的普通民事侵权赔偿原则外,侵权人还须承担惩罚性赔偿责任。

(二)知识产权司法与行政保护双轨制

知识产权保护模式主要有单轨制与双轨制两种类型;司法保护的"单轨

制"模式,即法院通过对知识产权侵权案件的审理,判令侵权人承担停止侵害、赔偿损失等法律责任的保护模式;行政保护和司法保护并行运作的"双轨制"运作模式,即知识产权侵权纠纷发生后,权利人既可请求有关知识产权行政主管机关处理,由行政主管机关责令侵权人停止侵权行为,对违法者给予行政处罚,也可直接向有管辖权的人民法院起诉,通过司法途径保护自己的合法权益。我国在引进知识产权法律制度之初,由于缺乏基础性的知识产权意识和自发性的保护需求,进而形成了行政保护和司法保护"两条途径、并行运作"的"双轨制"知识产权保护体制,这与世界各国所普遍采用是"单轨制"模式相异。[①]

三、知识产权司法保护的重要意义

1. 知识产权司法保护是司法本质属性和知识产权保护规律的内在要求。司法保护不仅能够解决纠纷,还能够基于裁判文书的公开性和说理性,明确法律标准和阐明法律界限,划定知识产权案件当事人的行为界限,为处理类似纠纷以及行业发展方向提供重要的依据、指导和参考。同时,司法保护是知识产权保护的最终环节和最后的救济途径,具有终局的救济效力,更具权威性。知识产权司法保护凭借其稳定长效、明确规则的优势,促使知识产权权利人日益把司法保护作为维护权益最值得信赖的途径。

2. 知识产权司法保护是全面推进依法治国和提升司法公信力的重要体现。中国共产党十八届四中全会对全面推进依法治国做出重要部署,标志着我国法治建设进入新阶段。司法是法治的重要体现和象征,司法工作在国家和社会生活中的地位、作用和影响更加凸显。在知识产权保护工作中,人民法院不仅负有知识产权民事保护和刑事保护的司法职责,还负有对知识产权行政执法行为的司法监督职责。强化人民法院对知识产权行政执法行为的监督,规范和促进行政机关依法行政,是知识产权领域法治建设的重要内容。

---

① 吴汉东,锁福涛.中国知识产权司法保护的理念与政策[J].当代法学,2013(6):42.

3. 加强知识产权司法保护是建设创新型国家的必然要求。创新是中国社会经济发展转型的重要动力，知识产权保护薄弱已成为阻碍创新发展的因素之一。而非法成本低廉使得剽窃者更加猖狂。为此，有必要加强知识产权的司法保护，增加侵权者的违法成本，维护创新者的权益，进而促进国家创新发展战略，加速社会转型。

四、知识产权司法保护的基本理念

司法理念是"人们对司法本质及其规律的理性认识与整体把握而形成的一系列理性的基本观念，是对法律精神的理解和对法律价值的解读而形成的一种认知模式"。① 这种观念和认识"作为指导司法制度设计和司法实际运作的理论基础和主导的价值观"，②对一国的司法保护体制和司法运行效果影响深远。知识产权司法保护的基本理念中最基本、最核心的是公正司法理念，这是一个政治定位，即知识产权案件的种类可以划分，但是公正司法理念不可分割；知识产权案件审理方法可以变化，但是公正司法理念不容改变；各类知识产权案件的公正审理是相对的，但是公正司法理念是相对中的绝对。③ 除了公正司法理念这一原则性要求之外，知识产权司法保护的基本理念还包括以下两个方面。

（一）激励创新的理念

创新已经成为当今国家经济发展的重要引擎和推动器，知识产权是创新的主要制度载体和引领渠道。从国家对知识产权制度顶层设计到知识产权法院、法庭等专门审判机制重大改革和建设来看，政策法律导向十分清晰，要通过充分保护知识产权，以激励和保护创新。因而，知识产权司法理

---

① 汪习根、孙国东：《中国现代司法理念的理性反思》，《浙江社会科学》2006年第1期。
② 王申：《理念、法的理念——论司法理念的普遍性》，《法学评论》2005年第4期。
③ 戴建志：《公正司法中的知识产权司法保护政策》，《人民司法》2013年第15期。

念不可须臾背离的是激励和保护创新。①

(二) 规则包容的理念

在不同规则面前难以取舍时,优先选择对于各方主体利益有最大容忍度和包容度的规则。知识产权本身就是一个很复杂的系统,它又与其他系统组合成为更大系统。只有相关系统间的沟通顺畅、相互包容、有效交流,才能成为更大的系统,进而形成紧密配合的全局发展模式。

五、知识产权司法保护的基本政策

司法政策是法律适用的宏观指引,是国家政策在司法领域的具体体现,是公共权威为解决司法问题而制定的指导、协调和管理司法活动的方针策略,是司法机关结合司法工作实际制定的工作方针、工作策略、工作重点、工作原则及一个时期司法工作的方向。当前我国知识产权司法保护的基本政策具体包括如下三个方面。

第一,严格保护,重在源头。与有形财产权的侵权行为不同,基于知识产权客体非物质性特征,其侵权行为具有侵害形式特殊性、侵害行为高度技术性、侵害范围广泛性和侵害类型多样性等特征,导致知识产权侵权行为一旦发生,往往造成非常严重的损害后果。因此,必须从源头上打击知识产权侵权行为的发生,这是中国知识产权司法政策内容的应有之意。这里的"源头"是指社会危害性大、影响范围广、侵权数量多的主体,主要是指侵犯知识产权的生产者、经营者。具体而言,在知识产权民事司法保护方面,提高侵犯知识产权的生产者、经营者的赔偿额度,充分救济权利人的损失。同时,加强行政执法和刑事司法的有效衔接,防止有案不送、以罚代刑,坚决追究侵犯知识产权犯罪分子的刑事责任。

第二,分类施策,妥善应对。由于知识产权涵盖版权、专利、商标、植物新品种、集成电路布图设计等诸多权利类型,具有不同的权利特性和保护要

---

① 蒋志培:《知识产权司法保护理念的演进与法官对法律适用的把握》,《中华商标》2017年第4期。

求,因此需要针对不同知识产权的自身属性和特点,在法律原则和规则范围内有区别地制定相应的司法政策。根据知识产权权利本身特点差异性,可从以下三个领域展开:一是文化领域的知识产权司法政策,主要在于加大盗版侵权的打击力度,促进版权产业的健康发展;同时须注重利益平衡,既要兼顾版权保护与社会文化信息传播的关系,又要注重鼓励作品创作与保护权利人合法利益之间的关系。二是科技领域的知识产权司法政策,科技领域知识产权司法保护担负着调节创新关系、保护创新成果、激励自主创新、规制知识产权滥用的特殊职责,故而须注重首创发明专利的较高保护,同时合理界定专利权的保护范围,既要使专利权人的利益得到有效保护,又不能妨碍社会公众对于专利技术的再创新、再利用。三是营销领域的知识产权司法政策,重点在于规范驰名商标保护、打击假冒名牌行为,给予营销领域蕴含较高商业价值和品牌影响力的对象以更宽的保护范围和更高的保护强度。

第三,加强救济,强化威慑。TRIPS 协议要求各成员所提供的民事、行政或刑事程序应"包括可迅速制止侵权的救济和构成阻止进一步侵权的威慑的救济"。但目前我国知识产权司法实践中存在着刑事追究比例不高、民事赔偿数额较低、诉讼周期漫长等突出问题,导致出现司法救济延迟、侵权制裁效果不明显等不良后果,从而影响司法的权威与公信力。是故,我国知识产权司法保护政策需要在民事侵权层面加强救济、刑事打击层面强化威慑。具体包括:一是发挥损害赔偿在制裁侵权和救济权利中的作用,坚持全面赔偿原则,提高法定赔偿额度,加重恶意侵权、重复侵权、规模化侵权等严重侵权行为的赔偿责任,确保权利人的损害得到充分有效的救济;二是突出刑事处罚在打击和防犯知识产权犯罪中的重要作用,创新知识产权犯罪追诉体制,降低侵犯知识产权行为的入刑门槛,提高知识产权刑事司法保护的威慑力。①

---

① 吴汉东,锁福涛:《中国知识产权司法保护的理念与政策》,《当代法学》2013 年第6期。

第二节 知识产权司法保护的环境分析

一、知识产权司法保护的国内环境

(一)国家知识产权战略纲要实施十周年评估

2018年6月,国务院知识产权战略实施工作部际联席会议对2008年发布的《国家知识产权战略纲要》实施十周年的总体情况进行了评估,评估报告充分肯定了知识产权战略实施取得的成就,也指出了存在的问题。就知识产权司法保护而言,在全国法院全面启动了知识产权民事、行政、刑事审判的"三合一"审判,审判的专业化程度不断提高,审判标准越来越统一,赔偿金额明显提高。主要的问题在于:审判标准不统一、效果差、周期长、举证难、赔偿低以及知识产权商业维权泛滥、地方保护主义较为突出等。这需要我们在总结已有经验的基础上,针对知识产权司法保护中存在的突出问题,面向今后15年,提出进一步推进知识产权司法审判体制、机制改革的具有前瞻性的举措。

(二)国家级战略提出的具体要求

随着国家知识产权战略纲要的实施,中国对知识产权的认识和知识产权保护的重要性日益加深,党的十九大报告提出,要倡导创新文化强化知识产权创造、保护、运用。在此前后,国家从战略层面上相继提出了一系列针对知识产权司法保护的具体要求,指明了知识产权司法保护的未来发展方向。《2019年深入实施国家知识产权战略,加快建设知识产权强国推进计划》提出,加强知识产权司法保护,完善案件管辖、证据规则、审理方式、法律适用等知识产权诉讼制度,加强知识产权法院建设。加强对重大敏感、涉民族品牌、涉外侵犯知识产权案件批捕、起诉工作指导,对严重侵犯科技创新和知识产权的犯罪案件予以挂牌督办。

上述国家级战略对于加强知识产权保护,充分发挥知识产权司法保护的主导作用,完善知识产权保护模式、法院体制和审判机制,形成了较为一致的意见,并提出了明确的措施,应当为知识产权强国建设纲要所吸纳。

(三)互联网+、大数据、人工智能等

随着"互联网+"的迅猛发展,人工智能、大数据、区块链、生命科学、量子计算机等领域正在酝酿重大原创性突破,颠覆性创新正在催生新模式、新业态,对现有知识产权制度形成重大挑战。为了适应时代需求,知识产权制度需要从国家层面进行战略性调整,抢抓重大机遇,抢占创新发展制高点。这既包括在实体方面重构知识产权的主体、客体、保护范围,也要求在司法程序方面更好地运用新兴科学技术保护知识产权。面对新的科学技术形势,我国知识产权司法保护已经进行了初步探索,比如杭州互联网法院、北京互联网法院和广州互联网法院的成立,将司法程序由线下人工向线上智能转变,是司法主动适应互联网发展大趋势的重大制度创新。2018年9月最高人民法院发布了《最高人民法院关于互联网法院审理案件若干问题的规定》,承认通过可信时间戳、哈希值校验、区块链等手段收集证据的效力,即对技术发展的回应。除此之外,依托审判实践,加强互联网、电子商务、大数据等领域的知识产权保护规则研究,推动完善相关法律法规,是知识产权司法保护在新的技术背景下面临的重要任务。

二、知识产权司法保护的国际形势

(一)经济全球化与逆全球化并存

除了政治领域、经贸领域之外,发达国家确立的技术规范与标准也已经成为全球共同的准则。 一方面,全球化背景下,发达国家主导制定了一系列的知识产权规则,和以往相比,知识产权保护的对象日益多元化,知识产权的保护标准逐渐提高,知识产权保护的程序和措施日益增强。另一方面,发达国家和发展中国家之间的利益平衡问题日益凸显,知识产权的高度集中抬高了研发成本的门槛,不利于后发国家的技术创新。与此同时,近年

---

① 申长雨:《迈向知识产权强国之路——知识产权强国建设基本问题研究》,北京:知识产权出版社,2016年,第68页。

来,全球范围内的逆全球化暗流涌动,比如,美国曾经是经济全球化的重要推动者和获益者,现在却变成了逆全球化的主要鼓吹者和策动者,四处挑起贸易战,实行单边主义政策,不仅会破坏全球经济复苏和繁荣,而且会降低本国民众福利,妨碍具体问题的解决,甚至导致全球责任真空。知识产权作为全球最重要的无形资产,在经济全球化和逆全球化并存的大背景下,争取知识产权国际话语权,更好地发挥中国在知识产权国际事务的大国作用,是一项现实和紧迫的任务。

(二)"一带一路"建设深入推进

随着"一带一路"建设的推进,我国与沿线国家经济合作日益加深,如何强化有效投资,细化合作方向,进一步完善法律支持、人才输送等保障成为接下来的重点。特别是伴随着科技高附加值产业、知识产权密集型产业、文化创新产业交易数据的不断扩大,如何确保投资安全成为广大"走出去"经营主体面临的重要课题,政治手段将不再是经济纠纷解决中的主要选项,争议解决机制的建立成为必然要求之一。然而,"一带一路"沿线国家在知识产权保护制度方面存在重大差异,相关诉讼程序规则迥异,规则协调尤其困难,这对知识产权保护范围、保护标准以及执行措施等诸多方面产生了重要影响。 在此背景下,深入分析"一带一路"沿线国家的政治、经济和文化状况,探索在"一带一路"沿线国家推进知识产权制度的协调乃至一体化模式、路径及实施方案,有利于保障"一带一路"战略的顺利实施。在合作交流的基础上进一步完善我国知识产权保护制度,以中国模式为基础建设普惠包容的"一带一路"区域知识产权规则,实施知识产权规则的输出,实现知识产权司法保护协同与一体化,并且最终推动全球知识产权规则的变革。

(三)中美贸易摩擦频发

中美贸易摩擦由来已久,2018年中美之间开始了新一轮的贸易摩擦,至今尚未结束。中美贸易摩擦的实质是守成大国与崛起大国之间的全球战略竞争,重点是争夺世界经济的主导地位和经济全球化的规则制定权。美方

---

① 王衡,肖震宇:《比较视域下的中美欧自贸协定知识产权规则——兼论"一带一路"背景下中国规则的发展》,《法学》2019年第2期。

以中国侵害美方知识产权为借口发动对中贸易战,更深层次的原因是想借知识产权保护为名,遏制中国崛起。① 事实上,我国近二十多年来不断建立和健全知识产权法律体系,在保护知识产权方面取得了举世瞩目的成就,美方仍然大肆指责中国偷窃美方知识产权、侵害其知识产权,实属无中生有、故意刁难。在此背景下,我们应当理直气壮地对美方进行反制,应对美方蛮横无理的指责。在上述国际国内背景下,进一步梳理分析我国知识产权司法保护取得的成绩和存在的问题,考察、比较、借鉴域外知识产权发达国家的立法与政策,对司法保护和知识产权的行政保护之间的关系、法院体制和审判机制的完善等问题提出前瞻性建议,是本分专题拟解决的主要问题。

第三节 知识产权司法保护的比较分析

一、美国知识产权司法保护概况

(一)保护模式

美国的知识产权保护采用司法保护和行政保护两方面的制度,其中司法保护占主导地位,行政保护主要在于提供知识产权管理与服务,知识产权行政执法手段在美国的适用空间比较狭小,一般仅在有关国际贸易事务中适用,知识产权侵权纠纷更是完全由司法机关处理。

美国非常重视非知识产权行政机关的知识产权行政保护,共有三个颇具特色的机构行使这项权力,分别是联邦贸易委员会(FTC)、国际贸易委员会(ITC)和美国贸易代表办公室(USTR)。② 美国联邦贸易委员会主要负责维护市场公平竞争和保护消费者合法利益,在行使反不正当竞争职权时,很有可能会涉及知识产权的行政保护,其行政职权主要有调查权、执行权和提出诉讼权三个方面的内容。针对不正当竞争行为开展调查,并向司法部门

① 冯晓青:《关于中国知识产权保护体系几个重要问题的思考——以中美贸易摩擦中的知识产权问题为考察对象》,《人民论坛·学术前沿》2018年第17期。

② 李维扬:《专利行政执法研究》,硕士学位论文,中南财经政法大学,2016年。

提出诉讼,是美国联邦贸易委员会区别于其他国家相关机构的一项重要职权。美国国际贸易委员负责处理美国以外的国家和地区对美国知识产权的侵权事宜,例如根据"301条款"对外国不正当贸易行为的控诉做出处理等。

美国知识产权行政保护呈现出一个鲜明的特点,就是内外有别,对于国内主体,主要提供知识产权管理与服务,对于国外主体的涉嫌侵权行为,美国相关机关的行政执法力度很大,旨在维护美国的国家利益。[①]

(二) 审判机制

1. 法庭之友与专家证人

法院之友既不是诉讼当事人,更不是诉讼当事人的支持者,也不是完全中立的,而是以意见书的形式向法院表达意见。专家证人在美国专利诉讼中起着重要作用。专利诉讼通常涉及技术问题,需要技术专家帮助解释请求或协助陪审团了解专利技术或侵权物。当处理可专利性争议点时,技术专家则是事实认定者很好的顾问。此外,赔偿金计算需要行业或财务会计理论等知识。赔偿金计算专家必须参加,处理金钱赔偿的计算。关于专家证人的规范主要是联邦证据规则第702条,要求专家必须具有科学的、技术的或特殊的知识,但由地方法院的法官裁定是否准予或排除专家证人或意见作为证据。

2. 专利无效判定

美国专利权效力的判定,采取法院司法审查和专利商标局行政审查两方面的制度。法院可以通过司法程序判断专利权的有效性,或者由美国专利商标局行使行政权力审查专利是否有效,且行政审查包括授权后复审、双方审查和单方面复审三种模式。这种模式减少了当事人的诉累,当被诉侵权人认为存在所涉专利存在无效的理由时,无须向其他法院或专利商标局提出专利无效请求,直接由管辖专利民事侵权案件的法院审理即可,有利于纠纷的快速解决。

[①] 邓建志:《WTO框架下中国知识产权行政保护问题研究》,博士学位论文,同济大学,2007年。

3. 侵权损害赔偿证据规则

关于侵权损害赔偿,美国《版权法》确立了实际损失、侵权获利和法定赔偿三种侵权损害赔偿计算方法平行适用、自由选择的立法模式。此外,以侵权获利计算损害时,一旦被告的营业额得以证明,此数字即被推定为利润的数额,除非被告做出相反证明。举证责任倒置对于更好地保护版权具有重要作用。

二、德国知识产权司法保护概况

(一) 审判机制

1. 技术法官

德国联邦专利法院的一大特色就是内部审判庭分类十分细致,各审判庭分工十分明确,在长期的审判过程中积累了宝贵的经验。根据《德国专利法》的规定,联邦专利法院由院长、审判长及其他法官组成,审判人员由技术法官和法律法官组成。法律法官(或称"普通法官")必须具备《德国法官法》规定的法官任职资格,技术法官必须是技术部门的专家(技术成员),同时具备法官资格。通常情况下,技术法官在国内的大学、技术或农业高等学校或矿业学院通过了技术或自然科学专业的国家或大学结业考试,之后在自然科学或技术领域至少从事5年的职业活动。由于对技术知识和法律知识都有较高的要求,技术法官一般从德国专利商标局的资深技术审查员中选任。技术法官的法律地位与法律法官一样,有着与之相同的权利和义务。

2. 专利无效诉讼

关于专利无效,德国专利法院采用专利无效诉讼制度,即原告(声称拥有专利撤销的任何第三方)和专利权人为当事人。专利无效诉讼仅由专利法院管辖,德国专利法院的无效法庭负责审理专利无效诉讼案件。案件审理的合议庭的成员由相关领域的技术调查员和法官组成。如果当事方不同

---

① 易继明:《构建知识产权大司法体制》,《中外法学》2018年第30期。

意德国专利法院的判决,则可以向德国联邦最高法院提起诉讼。当联邦最高法院审理上诉案时,将进行全面审查,其中包括事实和法律审判。德国联邦最高法院将对涉及的专利进行审查,并可以对专利权的有效性做出最终判决。专利经过诉讼宣告无效,即具有对世效力,该专利溯及核准时为无效。

3. 诉前禁令

诉前禁令在德国被称为"假处分"制度。建立假处分制度的目的是使权利人的非金钱诉求得到有效执行。"假处分"制度在德国的知识产权保护中占有非常重要的地位。大多数知识产权案件都启动了假处分制度。这并不意味着德国法官可以随意发布禁令。相反,德国法官在审查诉讼前禁令时非常严格。实践中法官不会轻易发布禁令。在非常紧急的情况下,德国法院还可以直接根据申请人提供的证据做出"假处分"的裁决。这意味着德国在审查标准中采用了正式审查标准,仅要求申请人提供的证据以形式形式证明存在侵权。就程序而言,德国不一定要经过听证程序。

三、日本知识产权司法保护概况

(一)保护模式

日本非常重视保护知识产权,并且一直以"知识产权强国"作为其持续性的国家政策。日本的知识产权保护包括司法保护和行政保护。在日本,特许厅就是专利局,其规模在世界上数一数二。特许厅隶属于日本的商产省,内设七个部级机构全权保护知识产权,其主要职责包括:负责各行业专利和商标的登记、审查和批准;审理和裁决专利纠纷;工业所有权的调查统计、判定以及防止市场混乱的发生;发布专利公报等。在版权方面,日本的文化厅隶属于国文部科学省,文化厅的主要职责是组织领导日本著作权法的实施,解决海内外涉及著作权的相关事宜,此外还负责管理文化、宗教、文物等事宜,类似于我国教科文卫部门。在日本,有权进行知识产权行政执法的是海关和警察,其他行政机关主要提供知识产权的管理和服务。

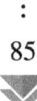

(二) 审判机制

1. 专门委员、技术调查官

为了克服鉴定专家选任不易、意见陈述形式僵化等弊端,日本2003年修订《民事诉讼法》新设了专门委员。专门委员任期2年,由具有渊博专业知识的大学教授或研究人员兼任,由最高法院任命。法院在对诉讼程序中相关争议焦点以及证据整理、调查、认定过程中,可以让专门委员参加诉讼。专门委员经过审判长征求当事人同意之后,可以对证人、当事人和鉴定人发问;同时,当事人也可以向专门委员提问。另外,为了更加准确地理解技术有关的争议点,专门委员必须参与辩论准备程序中的技术说明会。但是,案件是否需要聘请专门委员,需事先征求双方当事人意见;如果当事人不同意聘请,然而案件审理确有需要的,则启动法院调查官程序。日本知识产权高等法院的"法院调查官"是对有关发明专利、实用新型专利等审理案件进行有关技术方面的调查的人员,即一般所称的"技术调查官"。日本新修订的《民事诉讼法》扩大了法院调查官的权限,调查官可以参与诉讼程序并对当事人进行提问、向法官陈述参考意见。可见,技术调查官制度是在专门委员的基础上,与专门委员制度并行存在而发展的新制度。

2. 证据规则

为了便于知识产权权利人维权,日本著作权法(第114条)、专利法(第102条)、商标法(第38条)均规定,当权利人向因过失或故意侵犯其权利的人要求损害赔偿时,侵权获利被假定为权利人遭受的损害金额。这与美国的相关规定类似,通过举证责任倒置减轻权利人的举证压力,有利于强化对知识产权的保护。

四、韩国知识产权司法保护概况

(一) 保护模式

韩国知识产权采取行政司法保护双轨制,行政保护的力度较大。韩国知识产权保护所涉及的行政部门有专利厅(专利、商标及新知识产权)、文化观光部(版权)、信息通信部(计算机软件)及其下设的各类审议调解委员会和专利厅下设的专利审判院等,除了提供知识产权管理和服务之外,各知识产权行政部门有享有一定的调查和执法权;司法、执法部门有专利法院和法院、检查厅、警察厅;此外海关、产业资源部贸易委员会也担负保护知识产权的职责,具有部分行政执法权。韩国政府十分重视知识产权联合执法行动。韩国检察机关和警方共同职责之一就是调查假冒产品的生产者和销售者,以维护社会经济的正常秩序。

(二) 法院体制

韩国早在1998年就成立了亚洲最早的知识产权专门法院。为了更加专业、迅速有效地解决知识产权纠纷,集中管辖专利等知识产权有关的诉讼,2015年12月1日,韩国颁布《民事诉讼法修订法律》和《法院组织法修订法律》,自2016年1月1日起,专利法院专属管辖与知识产权有关的民事诉讼审和对特许厅(特许审判院)等的审决,不服而请求撤销的诉讼。

第一类案件包括基于专利权、实用新型、外观设计、商标、植物新品种保护,以侵害上述权利为由,请求禁止、废除、信用恢复等及请求损害赔偿诉讼、请求上述权利的转让、注销登记诉讼等与权利的归属有关的诉讼等。上述案件一审向地方法院提起,对一审判决不服上诉的案件,与诉讼标的金额无关的案件,皆由作为二审法院的专利法院负责。对于专利法院的判决,只可将违反法律作为上诉的理由,向作为三审法院的大法院提起。韩国与知识产权有关的民事诉讼的一审地方法院仅为五个地方法院,即首尔、大田、大邱、釜山和光州地方法院,其中,首尔中央地方法院可与其他地方法院重叠管辖。对前述五个地方法院不服的上诉案件由韩国专利法院专属负责管辖。

第二类案件是指旨在撤销以下审决和决定的诉讼:对于专利权、实用新型、外观设计、商标权有关的特许厅的驳回决定;特许权有效期间的驳回延长登记等审判和与之有关的无效审判;权利范围确认审判;专利权有效期间的延长登记无效审判等特许庭(特许审判院)的审决以及对品种保护和地理标识无效、撤销审判等的审决。审决撤销诉讼为两审制结构,一审由专利法院专属管辖,针对专利法院的判决,涉及法律问题的可以上诉至大法院。

可见,韩国将知识产权有关的民事诉讼中涉及专利、商标和品种保护的案件二审管辖权集中到专利法院,著作权和集成电路布图设计权等和其他普通民事案件归入普通地方法院审理。这样韩国专利法院就实现了集中管辖涉及专利和商标的民事与行政案件,解决了管辖二元化的问题。

(三) 审判机制

为了争夺知识产权国际话语权和裁判权,韩国专利法院不仅开始进行电子诉讼、英文庭审,还通过召开国际知识产权法院会议以及提倡建立国际知识产权法官联盟等方式,扩大自身的国际影响力。同时,其亦注重对自身判决的宣传和推广,将经典判决翻译成英文供浏览和参阅。从韩国近几年受理的案件来看,涉及外国当事人的案件比例有逐年增长的趋势。2017年12月24日,韩国国会通过了《法院组织法》修正案,在韩国地方法院和专利法院内设立新的国际诉讼分庭,该分庭可在当事人同意的前提下使用英语等语言来审理知识产权案件。允许当事人以被允许使用的外语提交法庭意见、证据,参加口头辩论,而无须提交韩文翻译,有助于韩国转变为有影响力的知识产权纠纷解决中心。

五、对我国的启示

(一) 知识产权的保护模式

借助行政手段保护知识产权并非我国知识产权保护体系所独有,知识产权发达国家也都有类似做法。然而,一般而言,行政保护手段在知识产权发达国家并不占据主导地位,仅适用于某些特殊的问题或领域,司法保护才是这些国家知识产权保护的主导性、核心性路径。知识产权行政机关的主要职责在于为知识产权的取得和运用提供管理和服务。

(二) 知识产权专门法院

各主要国家先后建立了专门的知识产权法院或法庭审理知识产权案件,在法院的具体设置和管辖方面,又往往对技术类案件和非技术类知识产权案件进行区别对待;对于技术类案件,由专门的知识产权法院或法庭审理,对于非技术类案件则仍然由普通法院审理,或者交由几个法院集中审理。设立了知识产权专门法院(庭)的国家,也均对审判人员的专业素养有较高的要求。

(三) 民事行政二合一、三合一

目前,实行知识产权"三合一"审判模式的只有泰国和我国台湾地区。美国将专利授权确权行政上诉案件与专利侵权民事上诉案件纳入统一的审理范围,实现了民事行政"二审合一"。日本知识产权高等法院管辖全国范围内的技术型、辖区范围内的非技术型知识产权民事二审案件,以及知识产权授权确权行政一审案件,实行民事、行政"二审合一",初审与上诉审相结合的审理模式。

(四) 无效程序及与侵权程序的衔接

各国都认识到专利和商标无效的确认可能带来的程序上的拖沓,所以各主要国家一般都倾向于赋予知识产权法院在诉讼程序中对知识产权的效力进行评判,以此提高审判效率。比如日本的侵权诉讼中,法院可以就专利商标权的效力做出间接评价,美国、德国的知识产权法院有权在诉讼中直接撤销不符合授权条件的知识产权。

(五) 技术调查官

为了确保知识产权案件尤其是专利案件能够得到公平合理的解决,各国均非常重视技术调查官、专门委员会、专家证人在法庭审理中的作用,充分尊重专业技术人员对案件事实的认定。与此同时,各国对技术调查官和专家证人的任职资格也做了较高的要求,以此保证他们的专业水准。

(六) 诉前禁令

考虑到知识产权及其侵权行为的特点,为了尽快制止侵权行为,防止造成难以挽回的损失,各国都非常重视知识产权侵权诉前禁令制度的立法与实施,同时为了防止错误申请,损害被申请人的合法利益,又规定了较为严格的限制条件。

(七) 侵权诉讼举证责任

举证困难是知识产权侵权损害赔偿中的一大难题,一些国家规定了举证责任倒置规则,以此更好地保护权利人的利益。赔偿低、举证难是我国知识产权司法保护面临的一个突出问题,进一步完善举证责任规则,降低证明标准,便于权利人更好地维权是我国立法完善的一个方面。

第四节 知识产权司法保护的现状分析

《国家知识产权战略纲要》颁布实施十周年以来,人民法院着力推进知识产权审判领域改革与创新,强化知识产权审判监督指导。尤其是党的十八大以来,人民法院为深入贯彻实施国家知识产权战略和创新驱动发展战略,以严格保护、深化改革、完善制度、统一规则为着力点,不断推进知识产权审判体系和审判机制改革,知识产权司法保护工作取得了丰硕的成果。

一、知识产权司法保护取得的成果

(一)知识产权司法审判体系趋于完备

1. 设立专门知识产权法院

2014年8月31日第十二届全国人民代表大会常务委员会第十次会议通过了《关于在北京、上海、广州设立知识产权法院的决定》,正式启动中国知识产权法院设置的试点方案;两个月后,最高人民法院于2014年10月27日发布了《关于北京、上海、广州知识产权法院案件管辖的规定》。由上述三家法院管辖有关专利、技术秘密、植物新品种、集成电路布图设计等专业技术性较强的第一审知识产权民事和行政案件,以及所在市的基层法院第一审著作权、商标等知识产权民事和行政判决、裁定的上诉案件。

2. 成立最高人民法院知识产权法庭

最高人民法院知识产权法庭是世界上第一个在最高法院一级建立的专门化知识产权司法机构。从国际角度来看,承担统一裁定标准职能的专门知识产权司法机构通常处于高等法院级别。这是人民法院为严格保护知识产权、服务创新驱动发展战略、营造国际一流营商环境所做出的重大制度创新。为进一步统一知识产权案件裁判标准,加大知识产权司法保护力度提供了重要的制度保障。

3. 探索跨区域管辖专门审判机构建设

北京、上海、广州知识产权法院的设立,为审理北京市、上海市和广东省三地的知识产权案件提供了专门法院。但是上述三省市以外的其他省级区域的知识产权案件审理依然没有专门法院管辖。为解决上述问题,2017年起,南京、苏州、武汉、成都、杭州、宁波、合肥、福州、济南、青岛、深圳等11个中心城市的中级人民法院先后设立知识产权法庭;2018年,最高人民法院批复在天津、郑州、长沙、西安、南昌、长春、兰州、乌鲁木齐8个市设立知识产权法庭;2019年4月,又批复了海口知识产权法庭。至此,我国正式形成了"1+3+20"模式的知识产权审判组织体系。上述知识产权法院和知识产权法庭集中优势审判资源,跨区域管辖专利等技术类案件,知识产权案件管辖布局不断优化。为其所在区域协调创新共同体、实现经济转型和科学发展提供有力司法支持。

4. 推进"审判三合一"改革工作

知识产权"三审合一"司法审判模式最初由上海浦东新区法院于1996年探索形成,但后来全国各地法院的试点和应用出现了不同的实践模式,如完全将知识产权民事、行政和刑事案件统一归入知识产权庭审理的上海模式、西安模式、武汉模式和重庆模式;仅将知识产权民事、行政案件归入知识产权庭审理的福建模式;仅就复杂知识产权案件由民事、行政和刑事审判庭法官临时组成合议庭审理的"深圳南山模式"。①

国家知识产权战略纲要实施十周年以来,在最高人民法院的指导下,人民法院进一步推进"三审合一"的改革,不断巩固"三合一"改革工作成效。全国目前已有17家高级法院、113家中级法院和129家基层法院实行了"三合一"。② 在最高人民法院的统一部署下,各地区不断加强法院内部审判部门之间的沟通与协调,努力形成整体合力,发挥整体效益。

---

① 管荣齐、李明德.《中国知识产权司法保护体系改革研究》,《学术论坛》2017年第40期。

② 最高人民法院知识产权审判庭:《中国法院知识产权司法保护状况(2018年)》,北京:人民法院出版社,2019年。

(二)知识产权司法审判机制日臻完善

1. 制定知识产权保护司法政策

随着经济转型升级和供给侧结构性改革的不断深入,要素驱动模式正在向创新驱动模式转变。2016年7月,在深刻分析知识产权审判工作面临的国内国际新形势新任务新要求的基础上,最高人民法院对司法保护本政策进行了完善和调整,清楚地概述了当前知识产权的司法保护应遵循的四个基本司法政策,即"司法主导,严格保护,分类施策和比例协调"。标志着人民法院在理解和把握司法保护政策和知识产权概念上已经进入了一个新的阶段,达到了新的高度。同时,最高人民法院在制定《中国知识产权司法保护纲要(2016—2020年)》时重申了这一基本司法政策。司法政策是"国家政策在司法领域的具体体现,是公共权威为解决司法问题而制定的指导、协调和管理司法活动的方针策略,是司法机关结合司法工作实际制定的工作方针、工作策略、工作重点、工作原则及一个时期司法工作的方向"。[①] 在宏观层面,为我国未来较长一段短时期内知识产权司法保护工作提供了准确的指引。

2. 探索技术事实查明

知识产权案件,尤其是专利纠纷案件和集成电路布图设计案件,需要法官对案件涉及的技术或产品方案有着准确的理解和把握,否则就无法对诉争权利是否有效,是否构成侵权进行准确的审判。因此,知识产权案件普遍具有突出的专业性,只有经过专业训练的法官才能胜任。从整体来看,当前我国法院法官的整体知识结构距离这一要求还有不小的差距。因此最高人民法院在全国法院系统探索技术事实查明机制,引进专业技术人才来协助法官进行案件技术事实的审查。

目前,技术事实查明机制主要形成了三种方式:第一,专家陪审员制度,包括在适当的情况下扩展合议庭。第二,特邀科学技术咨询专家或专家证人制度。第三,技术调查官制度。2015年,最高人民法院在礼来公司诉常州华生制药有限公司侵害发明专利权纠纷上诉一案中,首次起用技术调查官

---

① 刘武俊:《司法政策的基本理论初探》,《中国司法》2012年第3期。

调查技术事实。北京、上海、广州三家知识产权法院起到了示范作用,共聘任61名技术调查官,形成技术调查与专家辅助、司法鉴定、专家咨询等多元化技术事实查明机制。①

最高人民法院制定了《关于知识产权法院技术调查官参与诉讼活动若干问题的暂行规定》(简称《规定》),细化和完善技术调查官参与诉讼活动的工作职责,规范技术调查报告的采信机制。试点开展四年多以来,技术调查官在案件审理中为法官提供技术层面的专业咨询,成为法院在审理知识产权案件过程中保持客观和中立不可或缺的力量。

3. 优化临时救济措施

与传统物权客体不同,知识产权客体具有非物质性、使用不发生损耗、无法形式上占有等诸多特征,这使得知识产权侵权行为难以发现,或发现以后侵权证据难以固定。加之网络技术的高速发展,导致知识产权受到侵犯以后权利难以恢复原状,损失也难以有效控制。在此情形下,"知识产权临时救济措施"就显得格外重要。知识产权临时救济措施,主要是针对涉嫌侵犯知识产权的行为,法院根据知识产权权利人或其利害关系人的申请,或者在必要时依职权采取的临时性救济措施,包括行为保全、财产保全和证据保全等。

《规定》以坚持及时保护与稳妥保护兼顾、坚持分类施策、坚持前瞻性与现实可行性相结合为原则,是最高人民法院在认真总结审判实践经验的基础上,完善行为保全制度、加大知识产权保护力度方面采取的重要举措。

(三) 知识产权保护司法改革持续创新

1. 创新审理方式

2018年12月28日,最高人民法院发布《关于知识产权法庭若干问题的规定》,规定明确指出,知识产权法庭可以通过电子诉讼平台或者采取在线视频等方式组织证据交换、召集庭前会议等。最高人民法院知识产权法庭的这一审理方式的创新,标志着我国知识产权审判智能化建设又迈出了坚

---

① 易继明:《我国知识产权司法保护的现状和方向》,西北大学学报(哲学社会科学版),2018,48(05):50-63.

实的一步。此外,最高人民法院知识产权法庭的案件管辖范围是全国区域。为了确保当事人诉讼权利的实现,上述规定在知识产权专门领域的审判引入巡回审判制度。知识产权法庭可以根据案件情况到实地,或者原审法院所在地巡回审判。

2. 创新上诉机制

按照全国人大常委会《关于在北京、上海、广州设立知识产权法院的决定》,北京、上海、广州三地知识产权法院属于中级人民法院,不服三个知识产权法院关于技术类知识产权一审判决、裁定的上诉案件,分别由北京市、上海市和广东省的高级人民法院受理。而知识产权法院所在市的基层法院判决的著作权、商标和反不正当竞争等类型的上诉案件,由知识产权法院受理。最高院知识产权法庭成立以后,上述三个知识产权法院以及其他中级人民法院的上诉案件不再由高级人民法院管辖,统一全部由最高人民法院知识产权法庭审理。上诉机制的创新,意味着以往一审案件上诉到中院或者高院,如今不论是中级人民法院还是高级人民法院审判的一审案件,统一上诉到最高人民法院知识产权法庭。这样就跨过了中级法院直接到高级法院这一环节,极大地缩短审判周期,统一裁判标准。

3. 创新送达方式

按照我国《民事诉讼法》的规定,电子送达原则上不能适用于判决书、调解书等法律文书的送达。但是根据《最高人民法院关于知识产权法庭若干问题的规定》,经当事人同意,知识产权法庭可以通过电子诉讼平台、中国审判流程信息公开网,以及传真、电子邮件等电子方式送达诉讼文件、证据材料及裁判文书等。因此,此项规定突破了我国民事诉讼领域传统的文书送达方式,成为除杭州、北京、广州互联网法院之外的第一个可以用电子送达方式来送达裁判文书的法庭。此项创新机制,可以说在中国的知识产权司法制度,以及诉讼制度上都是突破性的创新。

4. 紧密结合新技术新业态发展

在新形势新变化及经济发展新常态的背景下,"互联网+大数据+人工智能"正逐步向各行各业渗透。尤其是新互联网技术(传统的互联网、物联网、车联网、移动互联网、卫星网、天地一体化网、未来互联网等),新信息通信技术(如云计算、大数据、5G、高性能计算、建模/仿真、量子计算等技术)与新人工智能技术(基于大数据智能、群体智能、人机混合智能、跨媒体推理、自主智能等技术)的飞速发展,正引发国民经济、国计民生和国家安全等诸多领域的重大变革。

面对新领域和新业态的频繁更迭和快速发展,2017年8月18日,全球首家互联网法院在杭州挂牌成立。2018年7月6日,习近平总书记主持召开中央全面深化改革委员会第三次会议,审议通过了《关于增设北京互联网法院、广州互联网法院的方案》,决定设立北京、广州互联网法院。互联网法院贯彻"网上案件网上审"的审理思维,探索智慧庭审新模式,将涉及网络的案件从现有审判体系中剥离出来,充分依托互联网技术,完成起诉、立案、举证、开庭、裁判、执行全流程在线化。互联网法院的创新和发展,必将为知识产权司法保护提高诉讼效率,节约司法资源,适应新技术和新业态发展提供有益借鉴和指引。

(四)知识产权司法保护绩效显著提高

1. 司法保护的主导作用日益凸显

2018年,人民法院共新收一审、二审、申请再审等各类知识产权案件334 951件,审结319 651件(含旧存),比2017年分别上升41.19%和41.64%。仅从北京知识产权法院的数据来看,从2014年11月6日挂牌成立,至2018年10月底,受理各类知识产权案件达50 739件,收案数年均增长超过30%。[①] 数据表明,知识产权权利人对知识产权司法保护的充分信任,越来越多的知识产权案件当事人将司法审判视为解决知识产权纠纷的首要选择。

截至2017年6月,北上广知识产权法院共受理案件46 071件,结案33 135件。此中,审结行政案件11 113件,占比达到33.5%。通过行政审判,有效履行对授权确权行政行为的司法审查和监督职能。为了保护行政相对人的合法权益和规范知识产权的行政执法,司法保护知识产权的终局

---

① 《知识产权审判:为创新发展保驾护航》,《人民法院报》,2019年5月17日,第5版。

性日益突出。

2. 司法公信力显著提升

人民法院完善裁判文书网络公开制度,发挥"中国知识产权裁判文书网"的平台作用,加大裁判文书公开力度。最高人民法院知识产权审判庭裁判文书上网率达100%。推行审判流程公开和网上办案。强化案件审判流程管理,加强科技法庭建设,大力推进庭审同步录音录像和庭审网络直播,创新庭审公开形式,拓展庭审公开范围,保障当事人的知情权、监督权。① 随着行政执法和司法审判的共同推进,中国的知识产权保护状况和营商环境不断改善。知识产权保护的社会满意度从2012年的63.69%提高到2018年的76.88%。②

二、知识产权司法保护存在的突出问题

2008年6月《国家知识产权战略纲要》的颁布实施,正式确立了我国知识产权司法保护的主导地位。在党和国家的正确领导下,在各级人民法院的不懈努力下,我国基本建立起比较完备的知识产权司法保护体系。但是,随着建设创新型国家战略、国家知识产权战略和创新驱动发展战略的实施进入到深水区,现有知识产权司法保护在审判内部运行体制、机制、模式,以及内外部衔接等方面仍然有着不遂人愿之处。

(一) 司法与行政保护双轨制冲突

从我国知识产权制度变迁史来看,中国的知识产权制度更多的是引进和移植国外的制度。加之受我国传统意识形态的影响,知识产权事业的发展历程可谓是非常曲折的,而知识产权的保护则表现得更加突出。改革开放以后我国经济快速发展,知识产权保护的呼声不断高涨。但是改革开放初期,在知识产权领域立法都还处于刚刚起步阶段的情况下,知识产权的司

---

① 最高人民法院知识产权审判庭:《中国法院知识产权司法保护状况(2018年)》,北京:人民法院出版社,2019年第22页。

② 曹红英:《加强知识产权行政保护与司法保护优势互补》,《江苏法制报》,2019年5月17日D版。

法保护更是无从谈起。为了适应当时的知识产权保护需要,行政保护发挥了不可替代的作用。随着我国法治建设的不断完善,司法保护知识产权逐步成为解决纠纷的终局性手段。经过40年的发展,我国已经形成了行政和司法双轨制保护体制和模式。

当前,随着知识产权制度不断完善和知识产权司法保护日益成熟,我国知识产权保护的"双轨制"在相互配合、相互协调过程中出现的问题不断增多,主要表现在3个方面:一是知识产权司法审判机关,即法院和知识产权行政机关,在解决知识产权纠纷时,机构重叠、职能冲突;二是法院和知识产权行政机关在知识产权侵权、违法和犯罪的认定标准上缺乏统一性;三是法院和知识产权行政机关在知识产权纠纷解决程序、相关证据和案件移送方面缺乏衔接性。① 上述问题已经成为我国知识产权保护理论界和实务界研究中最为突出的问题之一。

(二) 审判资源配置不均衡

2018年,地方各级人民法院共新收和审结知识产权民事一审案件283 414件和273 945件,分别比2017年上升40.97%和41.99%。其中,新收专利案件21 699件,同比上升35.53%;商标案件51 998件,同比上升37.03%;著作权案件195 408件,同比上升42.36%;技术合同案件2 680件,同比上升27.74%;竞争类案件4 146件(含垄断民从当前我国知识产权发展趋势来看,事案件66件),同比上升63.04%;其他知识产权民事纠纷案件7 483件,同比上升44.60%。 从法院审理知识产权案件年增长率趋势分析,未来知识产权审判资源配置的问题会不断显现。

首先,知识产权案件保持较高速率的增长,这会导致三个法院都将面临着案件数量剧增的压力,三个知识产权法院无法满足日益增长的知识产权司法保护需求。尤其是北京知识产权法院,还要管辖数量不断增多的行政确权纠纷案件,审判资源更加紧缺。

---

① 吴汉东,锁福涛:《中国知识产权司法保护的理念与政策》,《当代法学》2013年第6期。
② 最高人民法院知识产权审判庭:《中国法院知识产权司法保护状况(2018年)》,北京:人民法院出版社,2019,第43页。

其次,由于我国东部和南部沿海地区省份经济发展较快,中西部地区较为落后。这种地区之间发展的不均衡,导致地区之间在知识产权的数量、类型和质量等方面都存在较大的差异。而当前只在北京、上海、广州三地设立知识产权法院,集中在东部沿海地区。虽然知识产权法庭数量已达到20家,但是西部地区12个省级区域知识产权法庭总共也只有3个。随着中西部地区的快速发展,资源配置不均衡的问题会不断显现。

最后,从知识产权法院和知识产权法庭的纵向发展来看,中西部知识产权法庭审判人员难以随时接触最新的技术性案件和积累经验,导致综合经验也比东部沿海地区审判人员要欠缺很多,司法审判队伍的资源配置也不均衡。如果不能进行有效的干预,这种差距会随着时间推移越来越大。以上这些问题都会影响我国知识产权法庭的稳定和知识产权审判水平的提高,进而影响我国整体的知识产权司法保护水平。

(三) 民事、行政、刑事程序协调不畅

根据我国法律法规的规定和司法审判机构整体分工设计的原则,人民法院内部根据案件的性质,由不同的审判庭分别进行民事、行政和刑事案件的审理,这样有利于提高审判专业化和审判效率。就知识产权案件纠纷来说,也同样会根据案件双方当事人的不同而分为知识产权民事案件、行政案件和刑事案件。当前知识产权各类审判之间发展不平衡,基本上是知识产权民事审判一枝独秀,知识产权行政审判和知识产权刑事审判显得较弱。这其中主要原因就在于知识产权民事诉讼、行政诉讼和刑事诉讼的交叉衔接不顺畅。

其中较为突出的是知识产权案件刑事程序还有与民事案件的衔接问题。首先,由于侵犯知识产权案件多为刑事自诉案件,即使法院审理民事案件时发现被告的同一侵权行为可能达到犯罪的程度,但在原告自己没有提出刑事自诉的情况下,找不到将案件作为刑事案件移送公安机关处理的明确法律依据。其次,中国历来司法实践中都有"先刑后民"的惯例,而在现实中许多案件都是权利人同时或者先启动了民事诉讼程序。这就会产生一个问题,即由于知识产权民事案件的复杂性,大多数严重的民事侵权和行政案件都在中级以上法院的知识产权庭或民事庭审理,而涉及最严重侵权的知

识产权刑事案件却通常在基层人民法院的刑庭审理,这在审级上显然不相协调。另一方面,如果是刑事程序启动在先,则同一个刑庭还要负责刑事附带民事诉讼,难以采用诉前禁令等措施,还可能造成程序拖沓,达不到对权利人及时、充分、有效的民事救济,但若不移送到民事审判庭,则刑事审判庭的法官是否能胜任民事争议的解决又是问题。同样,知识产权侵权案件审判中民事审判庭一旦发现犯罪线索,本应主动与公安机关沟通并移送相关材料以便公安机关开展刑事侦查,但在实践中民事案件的法官很少主动过问刑事部分的问题,而只专注于审理民事部分。①

相对于一般民事诉讼而言,知识产权民事案件由于涉及证据及财产保全、证据交换、专家鉴定、侵权赔偿额判定等环节,诉讼周期较长;如果再卷入确权行政诉讼而中止侵权民事诉讼程序,结案更遥遥无期,这常常会使相关当事人、尤其是知识产权人感到苦不堪言。不幸的是,这一程序还可能被滥用,即被控侵权人采用其作诉讼策略。以最典型的耗时最长的复杂的发明专利侵权纠纷为例,如果被告在答辩期内提出原告专利无效的请求,民事诉讼程序就会中止;在专利复审委员会做出维持专利权有效的决定后,被告还可以进入一审和二审两个行政诉讼程序,之后恢复原先中止的民事诉讼程序。民事案件也是两审终审制,更不用说,目前知识产权纠纷启动最高人民法院再审程序的情形越来越多。如此,知识产权侵权诉讼整个程序周期非常长,对权利人来说,当权利遭受侵害尚未解决之时,实际上会被诉讼制度拖累。知识产权侵权诉讼案件久拖不决,知识产权权利人的合法权益不能得到及时和有效的保护,这是我国知识产权司法保护周期长和效率低的主要根源。

(四)级别管辖混乱

首先,从当前知识产权法院和法庭的设置来看,一般民事案件都纳入了中级人民法院的管辖范围,而危害较为严重的刑事案件却依然由基层人民法院管辖,从逻辑上来说难为妥当,与普通民众的一般法律认知也相违背,

---

① 管育鹰:《关于我国知识产权司法保护战略实施的几点思考》,《法律适用》2018年第11期。

既有损司法保护的权威形象,也让权利人维权时不知所措。

其次,我国三大诉讼法中都有对地域管辖做出详细的规定,如民事诉讼法的一般地域管辖和特殊地域管辖标准,行政诉讼法的行政行为做出机关所在地和重大、疑难标准,刑事诉讼法的犯罪地标准。① 随着网络技术和信息化的快速发展,知识产权案件通常涉案地域众多,知识产权案件依据三大诉讼法的不同标准,享有管辖权的法院往往不止一家,这会间接导致诉讼周期的延长。

最后,在设立专门的知识产权法院之后,设立了上诉管辖法院。由于不同类型的知识产权案件(例如专利,商标和版权)的管辖法院不同,因此上诉也不同,这也可能导致管辖权冲突。

(五)审判标准不统一

统一裁判尺度,确保知识产权法律适用的统一性,增强法律适用的稳定性和可预见性,是知识产权法治建设的必然要求。当前,由于司法保护与行政保护的冲突、知识产权"三审分离"、以及级别管辖标准不一等,导致知识产权司法保护的审判标准不统一问题依然比较突出。

1. 行政处理与司法认定标准不一

在当前的运行机制下,行政机构与司法机构分别使用着不同的执法标准,在长期的运作下,二者已形成了一个不会互相干扰的执法体系,并且两个体系存在多方面的差异。当发生知识产权侵权行为而引起纠纷时,权利人可以交由知识产权行政执法机关处理或查处,也可以交由知识产权司法审判机关审理和裁判。其中,行政处理或查处知识产权侵权纠纷,按照中国现行著作权法、专利法、商标法的规定,首先需要认定知识产权侵权行为是否成立②,但对于行政处理或查处认定侵权行为的程序和标准都没有进行明确规定。如果当事人不服知识产权行政主管机关的行政处理行为和行政查处行为,可以向有管辖权的人民法院提起行政诉讼。法院对于侵权与否又

---

① 参见《民事诉讼法》第 21 条~第 28 条,《行政诉讼法》第 18 条,《刑事诉讼法》第 25 条的管辖规定。

② 参见《中华人民共和国专利法》第 61 条,《中华人民共和国商标法》第 60 条,《中华人民共和国著作权法》第 48 条。

有一套司法认定标准,这就导致侵权认定与否的标准不一。如果行政机关采用司法审判的认定标准又会丧失行政处理处理及时、便利和高效的比较优势。

2. 知识产权"三审分离"导致标准不一

按照全国人大常委会《关于在北京、上海、广州设立知识产权法院的决定》的规定,知识产权法院管辖有关专利、植物新品种、集成电路布图设计、技术秘密等专业技术性较强的第一审知识产权民事和行政案件,而不管辖知识产权刑事案件。一般刑事案件仍然由基层法院管辖,这就导致实践中已经出现刑事上认定构成犯罪,而民事审判中认定根本不构成侵权,这样的冲突和矛盾将严重影响知识产权司法保护的功能和作用的发挥。一般民事案件都纳入了中级人民法院的管辖范围,而同类的刑事案件却依然由基层人民法院管辖,这也必然造成裁判尺度的混乱。

(六) 举证难、赔偿低

2014 年 6 月,全国人大常委会执法调研组在对《专利法》进行执法检查后认为,专利保护效果与创新主体的期待存在较大差距。专利维权存在"时间长、举证难、成本高、赔偿低""赢了官司、丢了市场",以及判决执行不到位等状况,挫伤了企业开展技术创新和利用专利制度维护自身合法权益的积极性。虽然上述检查结论是在 5 年前做出的,但从企业和市场反馈来看,上述难题依然比较普遍。尤其是被侵权一方对自己所受损失进行举证一直是国内始终没能解决的问题。

知识产权侵权损害赔偿数额总体偏低,被我国理论和实务界专家所频繁诟病。造成这种结果与前文所述的"举证难"有着直接的关系,即"举证难"是导致人民法院过多适用"法定赔偿"标准确定赔偿额的关键原因。 人民法院之所以高频率地适用法定赔偿计算标准,主要原因在于原告提出索赔请求后,绝大多数案例中原告存在举证不能、不愿举证、证据瑕疵、证据不全等。如此情况下,人民法院只能适用法定赔偿、酌定赔偿、综合赔偿等相

---

① 詹映,张弘:《我国知识产权侵权司法判例实证研究——以维权成本和侵权代价为中心》,《科研管理》2015 年第 36 期。

对模糊的计算标准来确定损害赔偿数额。根据学者的统计分析,导致知识产权侵权损害赔偿数额严重偏低主要有以下四点原因:①原告怠于举证,导致不愿举证、举证不能、举证瑕疵而影响人民法院的判赔只能适用法定赔偿;②原告所承担的举证责任过重,导致原告在绝大多数情况下难以完成举证责任;③法院对证据的采信过于严格,导致原告所提供的证据很难符合法律要求;④法律规定的确定损害赔偿数额计算标准的适用顺序给原告造成心理压力,导致其害怕举证。

第五节 知识产权司法保护的创新完善

2018年7月9日,最高人民法院副院长陶凯元在第四次全国法院知识产权审判工作会议上提出了我国知识产权司法保护的顶层设计,即"本世纪中叶,人民法院将全面实现知识产权审判体系和审判能力现代化,成为国际知识产权司法保护的示范者和引领者。"以此为我国知识产权司法保护发展的目标,结合我国知识产权司法保护的现状,针对目前存在的主要问题,应在以下几个方面进行改进和创新。

一、增设知识产权专门法院

北京、上海、广州的知识产权法院自成立四年多以来,已经成为我国知识产权司法保护非常重要的一个特征,在国内乃至世界范围内已经逐步树立起专业化形象。但当前知识产权法院的数量和分布还不能满足司法需求。应总结推广北京、上海、广州知识产权法院经验,综合考虑知识产权案件的数量、类型和复杂性,兼顾地区之间发展差异,适时增设知识产权法院,进一步健全符合知识产权司法保护规律的专门化审判体系,更好地满足科技创新对知识产权专门化审判的司法需求。

---

① 曹新明:《我国知识产权侵权损害赔偿计算标准新设计》,《现代法学》2019年第1期。

二、加快审判"三合一"改革

《国家知识产权战略纲要》明确提出,要"研究设置统一受理知识产权民事、行政和刑事案件的专门知识产权法庭"。当前知识产权法院和知识产权法庭设立工作已经全面展开,但从当前司法实践来看,知识产权法院和知识产权法庭都只受理知识产权民事和行政案件,人民法院应当探索统一的知识产权审判格局和机制,彻底打破由知识产权庭、行政庭、刑事庭分别审理知识产权民事案件、知识产权行政案件、知识产权刑事案件的格局,全面推进。考虑由知识产权法院统一受理有管辖权的知识产权刑事案件,人民法院知识产权法庭统一审理知识产权民事、行政和刑事案件。重点解决知识产权刑事案件侦查、批捕、公诉、审判等各个环节的协调配合问题。提高重大案件的办案质量和成效。

三、持续创新审判机制

(一)完善举证责任制度

知识产权案件具有权利客体的非物质性、侵权行为的隐蔽性以及侵权事实难以固定等特点,如果严格遵照我国民事诉讼法确定的"谁主张、谁举证"原则,将会导致原告承担过重的举证责任,必将为维权造成障碍,无法有效保护当事人的合法权益。积极探索符合知识产权特点的诉讼证据规则,借鉴发达国家和地区的经验,根据知识产权的不同类型,科学设定举证责任倒置等规则的适用范围和程序,合理分配举证责任。支持当事人积极寻找证据,主动提供证据。探索建立证据披露、证据妨碍排除等规则,明确不同诉讼程序中证据相互采信、司法鉴定效力和证明力等问题,发挥专家辅助人的作用,适当减轻当事人的举证负担,让当事人想举证、能举证、不敢妨碍举证,着力破解当事人举证不能、不愿举证、证据瑕疵、证据不全等问题。最高人民法院于2018年11月在杭州召开《关于知识产权民事诉讼证据的若干规定(稿)》征求意见座谈会,就知识产权民事诉讼证据司法解释进行调研,开展知识产权诉讼特别程序问题研究。

(二) 完善技术事实查明制度

为保证审理程序顺畅、促进知识产权案件的快速解决,从而达到有效保护知识产权的目的,日本在知识产权案件审理中实行技术调查官辅助审判制度,我国台湾地区在"智慧财产案件审理法"和"智慧财产案件审理细则"中借鉴日本经验对作为司法辅助机制的技术调查官制度及其运行做了详细规定。①

针对技术类案件技术事实查明难问题,建立健全技术事实查明机制。探索在编制内按照聘任等方式选任、管理技术调查官,细化选任条件、任职类型、职责范围、管理模式和培养机制。探索形成包括知识产权司法鉴定、专家技术咨询、专家辅助人出庭、专家陪审员参审、技术调查官出具意见等多渠道、多维度的技术事实查明机制,提高技术事实查明的科学性、专业性和中立性,规范技术调查报告的撰写格式和采信机制。对于辅助法官形成心证并与裁判结果有重要关联性的技术调查意见,可以通过释明等方式向当事人适度公开。强化法官在查明技术事实中的主导作用,规范技术调查主体提供的各种技术审查意见的法律定位。进一步研究民事、行政和刑事诉讼法等诉讼程序相关规定,细化技术事实调查与三大诉讼程序的协调配合规则,规范技术审查意见的采信机制,以真正帮助知识产权审判的顺利推进。

(三) 健全临时救济措施

为充分发挥临时措施制度的作用,应逐步强化对该项制度的运用。首先,要解放思想,不能有抵触情绪。要准确理解和把握相关法律规定和司法解释的精神,着力解决用之过严的问题,规范法官自由裁量权,统一执法原则和标准。其次,研究诉前禁令的有效执行机制,细化临时措施的实体审查标准,特别是诉前禁令的条件要增强可操作性,便于法官准确判断和适用。再次,明确协助执行人协助法院执行的相关义务,以及拒不协助执行的法律后果。最后,由于目前我国的诉前禁令制度只适用于专利、商标、著作权、计

  李菊丹:《中日技术调查官制度比较研究》,《知识产权》2017年第8期。

算机软件和集成电路布图设计案件,尚未适用于所有的知识产权案件,所以须探索建立统一的诉前禁令制度,充分发挥诉前禁令、诉前证据保全、诉前财产保全等临时救济措施的优势,及时制止侵权行为,防止被控侵权人毁灭证据或转移财产。

(四)优化案件管辖制度

建立布局合理的知识产权案件管辖制度体系。建立地域管辖、级别管辖、专属管辖,以及跨区域集中管辖的案件管辖制度体系。按照知识产权案件适当集中、布局合理、审判模式"三合一"的原则,统筹确定知识产权案件的地域管辖、级别管辖和专门管辖。在中级人民法院辖区内的一般知识产权民事、行政和刑事案件原则上,指定一个基层人民法院跨区划集中管辖,案件数量多的地区可以适当增加指定基层人民法院管辖,案件数量少的地区可以由中级人民法院提级管辖。级别管辖主要按照案件类型划分,逐步实现技术类案件集中管辖。要明确案件管辖权移转的条件、范围和程序,重大、疑难复杂、社会关注度高的案件可由上级人民法院提级管辖。知识产权法院及法庭实行跨行政区划专门管辖专利等技术类民事、行政和刑事案件。

(五)统一司法裁判标准

针对国内关注度较高的"举证难、赔偿低、周期长"等社会长期反映强烈的问题,加强相关司法解释的研究制定工作,如加快《关于知识产权民事诉讼证据的若干规定(稿)》的讨论和发布,统一裁判尺度。开展知识产权前沿热点问题专题调研,如商标恶意注册、反垄断民事诉讼、商业模式创新成果的保护等一系列前沿问题的调研,总结司法审判领域的成功经验,提炼可操作性强的审判指导意见。加强案例指导和研究,持续完善"典型案例、指导性案例、案件年度报告、案例指导研究基地"四位一体的知识产权案例指导制度体系,指导全国法院的案例审判。加强与国家知识产权局等知识产权行政主管部门的沟通与调研,协调行政处理与司法审判的认定标准统一。

---

① 参见最高人民法院《中国知识产权司法保护纲要(2016—2020)》。

四、推进审判智能化建设

充分借鉴杭州和北京互联网法院的优秀经验,着力在网上电子立案、网上电子阅卷、系统智能分案、纸质卷宗跟踪、远程视频审判、司法数据分析、国家知识产权局数据库利用等审判流程打造全面覆盖、互联互通、跨界融合、深度应用、透明便民、安全可控的知识产权法庭智能化系统,全面推进知识产权法院和知识产权法庭智能化建设。

五、完善侵权损害赔偿制度

比较而言,我国现行的知识产权侵权损害赔偿制度,与美国等西方发达国家的区别并不大或者说基本相同,甚至在一些方面超越了它们,但法院判赔数额却大相径庭。主要原因是知识产权市场价值评估相当复杂和困难,我国的当事人和法院没有像美国那样充分评估涉案知识产权的市场价值。因此,应当加快建立以市场价值为指引,补偿为主、惩罚为辅的损害赔偿制度,营造不敢侵权、不愿侵权的法律氛围,杜绝"赢了官司、输了市场"的现象,从而解决"赔偿低"问题。

六、加强审判队伍建设

习近平总书记指出:"发展是第一要务,人才是第一资源,创新是第一动力"。时代召唤、人民期待"政治坚定、顾全大局、精通法律、熟悉技术并具有国际视野"的知识产权审判人才。

知识产权法院的法官队伍是知识产权司法保护最重要的践行者,加强知识产权审判队伍建设是知识产权审判能力现代化建设的核心,是完善知识产权司法体制的重要保障。注意从精通法律、外语基础较好、具有理工专

---

① 李明德:《关于知识产权损害赔偿的几点思考》,《知识产权》2016年第5期。

业背景和一定审判经验的人员中选拔和培养知识产权法官,进一步完善知识产权审判队伍的专业结构;注意保持知识产权法官队伍的相对稳定性;建立科学合理的绩效评价制度,避免单纯以案件数量为衡量标准;增加对知识产权法官职业技能的培训;重视提高知识产权法官的政治素质和职业道德修养,切实提高廉洁司法意识。同时,要注意加强对知识产权审判人员的国家安全教育培训,努力打造一支政治立场坚定、顾全大局、精通法律、熟悉技术,具有开阔的国际视野和较高的国家安全意识的高层次、复合型知识产权法官队伍,不断推进知识产权审判能力的现代化。

七、加大司法保护宣传

加大知识产权司法保护宣传力度,积极宣传我国知识产权司法保护取得的成就。结合人民法院新闻发布制度,适时发布知识产权审判中的重要新闻和典型案例;严格按照有关规定和要求,坚持审判公开、透明的原则,并适时在网上公开生效的知识产权裁判文书;选择有影响的案例,邀请人大代表、政协委员、行业协会和有关部门的代表、外国政府和国际组织驻华机构代表、专家学者等代表性人士和社会公众等旁听庭审,以增强知识产权审判的公开度和公信力;加大对外宣传力度,加深世界各国对我国知识产权司法保护制度及保护状况的全面客观的认识,不断提高知识产权司法保护公信力。

八、推进国际合作交流

依托中国法院知识产权司法保护国际交流(上海)基地,建设具有国际水平的知识产权智库,积极开展具有国际影响力的知识产权研讨交流活动,介绍中国知识产权司法保护开展的重要工作。进一步拓展国际交流合作空间,通过派员参加国际会议、出国培训、举办国际论坛、邀请外国法官和学者来华交流等方式,及时了解掌握国际知识产权保护动态,促进相互沟通与合作。通过各种区际和国际对话交流平台,积极参与和引导国际知识产权治理规则创设和修订,推动构建更加公平公正开放透明的国际规则。建立知识产权国际司法交流合作长效机制,为推动我国"一带一路"和"走出去"战略、"中国制造2025"战略的实施,创造公平公正、竞争有序的知识产权司法保护环境。

第四章 知识产权替代性纠纷解决机制

第一节 知识产权纠纷调解机制

一、形势与需求

调解是社会多层次多领域共同化解知识产权纠纷的发展路径中的重要组成部分,提高全社会知识产权纠纷调解意识和运用知识产权多元调解的能力,快捷、低耗、和谐化解知识产权纠纷,已经成为一种迫切要求。相较于传统民事纠纷而言,知识产权纠纷具有特性,纠纷利益的多元化需要调解以协商方式促进当事人双方的共赢,纠纷的复杂化需要调解高效、简单、低成本的运作机制,纠纷的市场化需要调解过程的保密性的纠纷解决方式。在知识产权领域,我国有必要构建符合知识产权纠纷特性与规律的多元纠纷化解机制,在减轻司法审判的压力的同时,为纠纷当事人提供专业、多元化的纠纷解决机制。

(一)我国政策文件的有关要求

2015年发布的《国务院关于新形势下加快知识产权强国建设的若干意见》中提出要推动相关国际组织在我国设立知识产权仲裁和调解分中心。2016年国务院印发的《"十三五"国家知识产权保护和运用规划》中强调,应在以司法保护为主导,以行政和司法两条途径优势互补、有机衔接的基础上,拓宽调解、仲裁等社会治理渠道,构建知识产权领域多元纠纷解决机制,从而形成知识产权大保护格局;同年国家知识产权局印发的《关于严格专利保护的若干意见》强调要发挥社会调解与仲裁等替代性纠纷解决机制的作用。2017年最高院印发的《中国知识产权司法保护纲要(2016—2020)》提出应有效发挥仲裁和其他纠纷解决方式在知识产权纠纷解决中的积极作用,鼓励当事人通过非诉讼方式化解纠纷,并推动知识产权民事纠纷解决第三方平台建设,畅通诉讼与仲裁、调解的对接机制,统一相关流程和法律文书;同年国家知识产权局发布的《关于开展知识产权纠纷仲裁调解试点工作的通知》,提出要探索形成知识产权纠纷多元化解决机制,为权利人提供更多的争议解决途径和维权途径。

(二)知识产权纠纷的特点

1. 知识产权纠纷利益的多元化

知识产权是具有排他性的权利,权利人通过对知识产权合法的垄断获得独特的竞争优势,最终实现将知识产品推向市场从而获得经济利益的目的。知识产权对权利人而言,更重要的不是对权利的维护,而在于对知识产权的经营、管理与未来的市场规划、布局。① 因此,在知识产权纠纷中,权利人既考虑纠纷中的侵权损害赔偿,更关注的则是纠纷解决结果对未来长远利益的影响。对侵权人而言,其在纠纷中也考虑侵权行为所应承担的赔偿额,还需考虑因侵权行为带来的停止使用行为给其带来的投资及未来市场的影响。权利人与侵权人在纠纷中的利益是多元的,既有在对抗的局面中争取现实利益的考量,又有在合作的预期中寻求长远利益的打算,这种对纠纷的现实利益与未来利益目标的多元性,也蕴含着当事人在纠纷解决中转向妥协与合作的可能。而诉讼"非黑即白"的诉讼结果,显然与当事人追求的多元化利益不相符合,因此,只有灵活的知识产权纠纷解决机制,才能满足当事人多元化的利益需求。

---

① 刘友华:《我国知识产权纠纷诉讼解决的现状及评析》,《知识产权》2010年第20卷,第54页。

2. 知识产权纠纷的复杂性

知识产权本身的特性决定了知识产权纠纷的复杂性。第一,知识产权具有较强的技术专业性,如著作权思想、表达的判断,商标是否构成混淆的判断,专利创造性标准的认定等,知识产权纠纷案件需要由具备专业知识的人员加以处理。第二,知识产权具有无形性,较传统民事权利而言,知识产权的权利范围和边界难以确定,权利人在纠纷中面临举证不能和举证难的困境,使得纠纷结果难以预测,只有那些具有技术和法律背景的专业人士才能充分理解并把握相关问题,从而依据法律对权利范围和内容做出准确的界定。第三,知识产权具有法定性,权利本身不具有稳定性,在诉讼中被告往往基于诉讼策略而启动权利无效程序进行抗辩,使得知识产权纠纷兼具行政与民事纠纷的交叉性,易造成诉讼程序拖延和"循环诉讼",不利于权利人对知识产权的保护。① 调解机制的程序灵活性以及调解人员的专业性能很好地应对知识产权纠纷的复杂性问题,为权利人提供更为专业、快捷的保护。

3. 知识产权纠纷的市场化

知识产权纠纷的市场化表明知识产权纠纷具有维权和市场竞争的双重属性。知识产权纠纷中,权利人的直接目的是对其专有权利的维护,而最终目的是保持乃至增强其市场竞争优势,从而获得更多的经济利益。知识产权除了公开的智力成果外,还包括一些未公开的保密信息,这些信息于权利人而言具有重要的市场价值和竞争优势,一旦泄露损失可能是巨大的、难以挽回的。一些知识产权纠纷影响重大,社会各界广泛关注,争议的发生对当事人的商业信誉和市社会声誉可能会造成负面的影响,争议的结果具有较大的社会影响力,这种情况下,纠纷当事人更希望通过调解等诉讼外的纠纷解决方式不公开地处理争议。知识产权纠纷进入诉讼环节就需要经过严格的举证质证程序,这种公开审理的程序极易造成未公开的智力成果的泄露,给权利人造成难以弥补的损失,尤其是商业秘密纠纷案件,处于保密状态的商业秘密对权利人来说价值巨大,当事人更希望通过私下协商、调解的方式

---

① 沈伟:《我国知识产权纠纷多元化解决机制研究》,《电子知识产权》2015年第08期,第51页。

解决纠纷防止商业秘密被泄露。

(三)知识产权纠纷调解机制的现实意义

目前,我国知识产权争议解决的主要途径是诉讼。2018年,各级人民法院共接收各类知识产权案件334 951件,比2017年上升41.19%。近年来,中国的知识产权纠纷呈逐年呈线性增长的趋势,由于诉讼之外的和解机制不足,大量的知识产权纠纷涌向法院。通过诉讼解决纠纷具有不可替代的公平性,稳定性和可预测性优势,但诉讼也具有不可克服的局限性,主要表现为诉讼成本高,维权周期长,对抗性强,诉讼程序缺乏灵活性。诉讼外的调解方式在解决知识产权纠纷上具有明显的优越性,调解作为一种便捷、经济、高效的知识产权纠纷解决方式,不仅有利于减轻司法压力,节省司法资源,而且可以满足创新主体对争端解决方法的各种需求,对当事人来说无疑是一种双赢的选择。知识产权纠纷多元化解机制,通过诉讼和非诉讼渠道的整合,司法权、行政权和社会权的融合为解决知识产权纠纷提供了更为全面的补救措施。因此,在知识产权领域,有必要建立一种符合知识产权争议特征和法律的多争议解决机制,最大限度地实现对知识产权的保护,以及发挥知识产权在促进创新经济发展中的作用。

二、我国知识产权纠纷调解机制现状

民事调解是民事案件的重要结论,它可以及时有效地解决民事纠纷,提高办案效率,降低诉讼成本。民事调解历来十分重要。民事调解的司法政策从"主要调解""强调调解""调解,调解,判决,调解与判决结合,结案能力"到"调解的优先权和适用范围"不等。调解与审判相结合,证明了调解在民事案件的审判中具有不可替代的作用,调解制度在我国知识产权纠纷解决机制中一直占据着重要地位,其中司法调解、行政调解、人民调解是主要的三种调解形式。行政调解,是指行政主体以服务者的身份介入知识产权纠纷处理过程中,利用政府所特有的权威性和资源优势进行居中调停。①

(一)调解成为解决知识产权纠纷的主要方式

2009年广东"全省一审知识产权民事案件实现了一半以上以调解、撤诉结案。"禅城法院新城知识产权法庭成立于2016年3月,是广东成立的首家跨区域集中管辖知识产权案件的专业化审判法庭,同年4月1日起开始集中管辖佛山五区的知识产权一审民事案件。三年来,该法庭共审结各类知识产权纠纷17531件,其中调解、撤诉结案6 962件,发回重审及改判率仅0.94%。2017年,温州市知识产权纠纷调解中心共受理委托调解案件363件,结案326件,和解成功率达89.26%。这些案件共委托27位兼职调解员进行调解,平均调解天数为20天。2017年新疆各法院共审结一审知识产权民事案件584件,结案率85.6%,在全部审结的案件中,以调撤方式结案的330件,调撤率达到56.5%。2018年,上海各区知识产权纠纷人民调解委员会共受理知识产权纠纷案件2157件,其中调解成功1497件,约占69.4%;在调案件382件,约占17.7%;中止调解案件46件,约占2.1%;知识产权纠纷人民调解员人数达到142人。2018年,烟台中院受理知识产权案件330件,审结330件,其中243件以调撤方式结案,调撤率73.63%。

上述数据表明,调解已经成为解决知识产权纠纷的主要方式。包括司法调解、行政调解和人民调解在内的调解制度在解决知识产权纠纷中扮演着非常重要的角色。

(二)专业知识产权纠纷调解组织大量出现

2016年12月28日,江苏省司法厅复函江苏省发明协会,同意成立江苏省知识产权纠纷人民调解委员会,鼓励开展知识产权纠纷的调解工作。2017年4月,上海市奉贤区、松江区、普陀区知识产权纠纷人民调解委员会先后成立。2017年12月,中国专利保护协会成立知识产权纠纷人民调解委员会。从企业界、学术界以及司法、行政机关中聘请的169名兼职调解员当日上岗,专业涵盖各主要技术领域。2018年6月10日无锡市知识产权纠纷

---

① 詹映、邱亦寒:《我国知识产权替代性纠纷解决机制的发展与完善》,《西北大学学报》2018年第5期,第78页。

人民调解委员会在中国知识产权维权援助中心正式成立。2019年6月13日,成都金牛区知识产权纠纷人民调解委员会正式挂牌成立。这说明,在司法部等部门的推动下,地方知识产权纠纷人民调解委员会纷纷建立,其专门负责知识产权纠纷的人民调解工作,化解当事人之间的知识产权纠纷,平息当事人争议。

(三)调解的影响力逐步增强

近年来,浙江省高级人民法院连续多年发布年度浙江法院知识产权十大调解案件,这无疑增加了知识产权纠纷调解的影响力。2019年4月24日,山东省高级人民法院召开新闻发布会通报山东各级法院去年新收知识产权民事一审案件首次突破万件,调解撤诉率为69%。这说明,调解在解决知识产权纠纷中的影响力越来越大,调解以其迅速、便捷、成本低等优势逐渐成为知识产权纠纷当事人选择解决纠纷的重要途经。

三、知识产权纠纷调解机制存在的问题

人民调解委员会在各地纷纷建立,调解机制取得了长足的发展。但是知识产权纠纷调解制度也存在诸多问题。实践中对调解的价值定位不准确,调审合一是我国的司法常态,法官基于考核制度及自身利益考量,在一定程度上会违背纠纷当事人的意志进行强制调解,从而损害当事人合法权益。法律将行政调解定位于行政执法,这就导致行政机关将调解当成行政执法,其在调解过程中经常使用公权力,违背当事人意愿、强制调解等现象经常发生。现阶段我国调解机构建设混乱,不利于下发文件、传达精神及案件的移送等工作的开展,也不利于统一人民调解委员会的工作流程、统一调解文书的制作形式。在人民调解员队伍中,大多为兼职调解人员,调解队伍不具有稳定性,调解的公信力不高。调解机制没有专门的调解程序,对于调解的启动、通知的送达、调解地点、人员组成、笔录制作、证据的认定、文书的制作等均没有统一规定,调解程序具有很强的随意性。调解协议的效力不稳定,这导致调解协议的执行率较低,严重损害调解的公信力。

(一)调解的价值定位不准确

1.调审合一

人民法院是国家审判机关,法官的职责是审判案件,而非调解纠纷。目前,我国调解的形式包括司法调解、行政调解和人民调解,其中司法调解就是在诉讼中由司法机关主持双方当事人达成和解协议,从而化解纠纷的模式。如前所述,调解是由第三方对争议双方当事人就争议事项进行中间协调,让双方当事人做出让步,以平息争议。调解员在主持调解过程中,并不需要精湛的法律素养,调解过程本身亦不是法律适用的过程,其不需要质证、认定事实、准确适用法律等程序。实际上,调解员在调解过程中,主要依靠的不是法律知识,而是调解技巧,是人际关系中"情"与"理"的把握和运用,调解员通过说人情、讲事理使当事人明白自己行为的性质,进而寻求调解协议的思路,最终达成并接受调解协议。调解与人民法院审理案件在程序的启动、当事人出庭、证据的采信、事实的认定、法律的适用等方面完全不同,法院审判案件是运用国家强制力,在充分查明案件事实的基础上适用法律解决纠纷的过程。调解是中国解决纠纷的一项特色制度,如今,我国多数民商事案件均以调解结案。比如河北省海兴县人民法院2016年1月1日至2016年12月27日共审结民商事案件1 239件,其中判决456件,占结案数的36.80%;调解411件,占结案数的33.17%。2017年,广州市全年全市共调解纠纷73 958宗,成功73 360宗,成功率99.19%。2017年新疆各法院共审结一审知识产权民事案件584件,结案率85.6%,在全部审结的案件中,以调撤方式结案的330件,调撤率达到56.5%。2009年广东法院的一审知识产权民事纠纷新收案件数达6 144件,占全国同类案件总数的20.06%。"全省一审知识产权民事案件实现了一半以上以调解、撤诉结案。"2018年,上海各区知识产权纠纷人民调解委员会共受理知识产权纠纷案件2 157件,其中调解成功1 497件,约占69.4%;在调案件382件,约占17.7%;中止调解案件46件,约占2.1%。上述数据说明,调解已经成为法院解决案件纠纷的主要适用方法,审判反而成了法院解决纠纷的"个例"。现在法院以调解方式结案的案件数量远多于审判结案数量,那么我国的人民法院还是审判机关吗?是不是应当改成调解机关,主要负责调解纠纷,而审判只是其附随业务和职能？如果认为人民法院是纠纷解决机构，只要其能够化解纠纷，至于其采取的方式在所不问，那么是不是应当将人民法院改成纠纷解决机构？

调解的灵魂是当事人意思自治。意思自治既是调解程序启动的关键，也是调解过程中当事人充分表达自己意愿的保障，更是调解协议得以执行的核心要素。如今，人民法院既是审判机关，又可以频繁适用调解方式结案。法官在案件审理前、案件审判过程中、案件审判结束后均可以进行调解，有的法官为了完成业绩考核，追求高"调撤率"，在法官职业中，制度性规定谁调解成功的案件多，谁的办案能力就强，就有机会晋升和加薪，这就迫使法官为了业绩、晋升而强制调解。另外，司法调解包括案件审判前的调解、案件审理过程中的调解和案件审理后的调解，案件审判前和审理过程中询问当事人是否有调解的意愿，对于有调解意愿的案件由审理法官进行调解，中止审判程序，这尚能提高司法效率，但是对于案件审理后的调解，则是对司法资源的极大浪费。案件审理完毕，在宣判前，当事人经过庭审已经基本可以确定案件的审判结果，这时如果法官在当事人出调解后主持调解结案的，一方面调解不一定能够成功，另一方面即使调解成功，达成的调解协议也不一定得到当事人的执行，如果当事人再申请司法确认或者因调解不成再请求法院判决的，则实属对司法资源的浪费。在法官审理案件完毕后宣判之前进行的调解，多数案件是当事人迫于法官的压力不得已而为之，其更是反映了我国司法制度的缺陷，反映出法官考核制度暴露出的问题以及法官自身存在的问题。

当下每个法院均设有调解室，将调解作为法院的一大职能，由办案法官对其负责审理的案件适时进行调解，这就导致法官一身多职，对法官的素质能力要求较高。调解需要法官以与当事人平等的身份主持程序的进行，而法官审判案件过程中法官则是以"家长"的身份主导审判活动，这种身份和地位的来回转换对于法官来说也非常困难。调解是一门艺术，其需要经过专业的培训，需要调解员具备沟通、管理、领导等方面的技能，绝非单纯的法律知识，因此很多作为法律适用者的法官在事实上并不具备调解的能力，其对案件进行调解实属为了"其他目的"。

2.调解与行政执法的交叉与重合

行政调解是国家行政机关处理平等主体之间民事争议的一种方法,但行政调解却在实际运行中面临着许多问题。首先,法律将行政调解定位于行政执法,也就是说行政机关进行行政调解是一种行政执法行为,这就导致行政机关将调解当成行政执法,其在调解过程中经常使用公权力,违背当事人意愿、强制调解等现象经常发生。行政执法与行政调解的主体重合导致行政调解既不像调解,亦不像行政执法,行政调解的执行力和公信力受到严重的影响。

(二)调解机构建设混乱

在法院,由司法调解室负责案件的调解,案件的办理法官即为调解员。行政机关在执法过程中根据案件的需要进行行政调解。而人民调解作为一种民间组织,其类型、级别、管辖等设置十分混乱,比如,2017年12月经主管部门批准成立的中国专利保护协会成立知识产权纠纷人民调解委员会与北京市朝阳区(设计服务业)知识产权纠纷人民调解委员会、知乎知识产权纠纷人民调解委员会之间是什么关系?上海知识产权法院可以将知识产权纠纷案件委托给2018年6月6日成立的上海市虹口区知识产权纠纷人民调解委员会进行调解吗?还是其只能将案件委托给上海市知识产权纠纷人民调解委员会进行调解?按照现行做法,各个人民调解委员会之间是独立的,没有任何隶属关系,这不便于调解工作的开展。即使人民法院内部的调解室,上下级法院直接,其调解室也没有隶属关系。根据司法部公布的数据,截至2017年底,全国共有人民调解委员会76.6万个,人民调解员367万人,调解案件876万件。

如此庞大的组织每年解决近900万件纠纷,但其组织设置却十分混乱,这就导致下发文件、传达精神、案件的移送等工作十分困难,也不利于统一人民调解委员会的工作流程、统一调解文书的制作形式。调解组织的建设混乱是影响调解协议效力的重要原因,也是人们不愿意选择调解的重要因素。

(三)人员配置不到位

现阶段我国调解人员的范围比较广泛,主要有法官、行政人员、律师、专业人士等。司法调解是由审判法官担任调解员,行政调解是由行政执法人员担任调解员,人民调解则是由退休法官、律师等担任兼职调解员。对于法官、行政执法人员来说,其在调解过程中需要进行角色的转换及对自身业绩、晋升等方面利益的考量,难以真正保障调解的中立性。在人民调解人员队伍中,专职调解人员较少,兼职调解人员占绝大多数,兼职调解员参与调解工作完全属于公益性质或待遇不高,其参与调解工作的积极性、学习的主动性等均受到影响,兼职调解员身兼数职难以确保有足够的时间和精力了解案情,及时有效地做好调解工作,再者调解人员的专业水平参差不齐,有的调解员在某一领域社会认可度较高,但是与知识产权有关的法律知识和专业技术知识是有限的,一些调解人对他们的工作充满热情,但他们缺乏技巧和方法。调解人员不到位,难以满足知识产权纠纷的多元化、复杂性和市场化的需要,制约了知识产权纠纷调解机制的发展。现实实践中人们为什么不相信人民调解委员会的调解协议?为什么不履行调解协议?原因之一在于人民调解委员会的调解员不专业,甚至可以认为其在专业知识方面还不如当事人熟练。由大学教师、退休法官、律师等人员担任人民调解员,这些人员要么工作非常繁忙,比如律师,其没有时间和耐心做人民调解这个公益性事务,即使有的律师主动担任人民调解员,其多数也是出于其他目的和考量;而大学教师、退休法官等人员并不一定完全掌握了调解的技能。人民调解员的不专业是导致人民调解不具有公信力的重要原因之一。

(四)缺乏统一的调解程序

2018年上海市虹口区司法局与知识产权局联合发布了《关于开展知识产权纠纷人民调解工作的实施意见》(虹司发〔2018〕10号),其规定了知识产权纠纷的调解程序,包括申请受理、调解期限、调解协议等方面。《苏州市知识产权纠纷人民调解委员会章程》也对调委会的组成、调解程序、经费来源等内容做了明确规定。但是各个地方的规定之间并不相同。民商事纠纷特别是知识产权纠纷跨区域案件越来越多,如果每个地区均有自己的人民调解程序,有的甚至没有明确的人民调解程序,这就导致当事人在异地参与诉讼需要重新了解当地的人民调解程序,这对当事人来说也是一种成本和负担。与审判相比,调解具有反程序性的外观。它不需要严格按照法律规范进行三段论的推理和论证,也不必遵循某些步骤来找出事实并区分是非,而是可以灵活、随机地进行协商以解决问题。这样,在调解的灵活性和程序要求之间存在紧张关系。如何在两者之间找到平衡,成为解决问题的关键。没有特别的调解程序,也没有统一的规定来开始调解,送达通知,调解地点,人员组成,成绩单出示,证据鉴定,文件出具等。这使当事方认为调解是任意的,导致当事方信托人进行调解。

(五)调解协议的效力不稳定

人民调解协议和行政调解协议的性质等同于当事人之间达成的合同,仅具有合同的效力,不具有作为诉讼判决的效力。效力的不稳定直接影响协议能否最终达成。如果不执行调解协议,则当事方将重新提起诉讼,这将导致争端的反复解决。进而损害调解机制的公信力,造成司法资源的浪费。

四、我国知识产权纠纷调解机制的完善路径

随着我国社会经济发展的不断加快,社会对于知识产权调解的需求在不断提高。但同时,现阶段我国知识产权调解机制的还显得较为粗糙,各类问题亟待解决。为解决这一矛盾,我国需要采取一系列配套措施对现有的调解机制进行不断完善,从而使得调解机制能够为构建和谐的知识产权秩序发挥作用。具体的任务与措施主要包括:建立独立的、专门的、统一的知识产权调解机构,加强知识产权调解人才队伍建设,规范并完善完善知识产权调解程序加大知识产权调解宣传的宣传力度等四个方面,现分述如下。

(一)建立独立的、专门的、统一的知识产权纠纷调解机构

鉴于目前我国调解机构众多,调解力量分散,而调解的工作任务在不断加大,因此,国家应当通过立法的形式,对现有资源进行整合,在条件允许的区域内,统一司法调解、行政调解和民间调解等多方主体,集中设立知识产权调解组织,使专业的机构处理专业的事务,以便于更好地处理日益纷繁复杂的各类知识产权纠纷。具体分为以下三点。

第一,作为一个统一的调解机构,知识产权调解组织应当在整合并协调传统知识产权调解资源的基础上统一展开相关工作。该组织可以与所在地

司法部门、行政部门或各类集体管理组织展开密切合作,通过接受业务外包等方式,将传统司法部门和行政部门的相关调解职权转移由该知识产权调解组织集中行使,从而在保障调解公平的基础上进一步提高工作效率。

第二,作为一个专门的调解机构,知识产权调解组织应当具备知识产权调解的资质,专门处理辖区内所涉的各类知识产权调解问题。这意味着,一方面,知识产权调解组织应当需要经司法行政政部门严格的资质审核方可设立,从而明确其性质、地位与职权;另一方面,知识产权调解组织同样需要大量具备专业能力与经验的知识产权调解人员,来填补日益增长的相关人才缺口。此外,为确保该调解组织的专业性,应当确保调解工作纳入财政预算,调解工作所需要的办公场所、人员编制、经费均要落实到位。

第三,作为一个独立的调解机构,知识产权调解组织应当有别于传统的司法系统和行政系统,作为独立财产和独立法人资格的社会主体存在。出于充分尊重调解双方当事人的意思自治,并切实减轻司法和行政部门的工作压力的考虑,制度建设应当适当弱化公权力在知识产权调解中的干预力度,保障调解机制应有的功能和作用不与行政程序、审判程序等机制相混淆,从而更好地发挥调解在纠纷解决中的中立地位,促使知识产权纠纷得到更高效且更公平的解决。

(二)加强知识产权纠纷调解人才队伍建设

一个良好的知识产权调解机制,离不开大量高素质的专业人才。随着全社会对知识产权调解能力需求的日益提高,我国需要进一步大力加强知识产权相关调解人才的队伍建设,着力从人才的培养、选拔、管理等各个环节进行建设。

首先,从人才的培养上看,我国应当完善知识产权调解的人才培养机制,建立健全全方位、多层次的专业化人才结构。由于知识产权具有明显的跨学科特点,因此尤其需要培养大量跨学科、懂法律、懂技术的综合性人才,同时兼顾工作热情和工作能力。具体来看,既要充分发挥高校等机构在人才培养中的重要作用,又要结合实务需要,让相关人才在实践中得到具体锻炼,以切实提高人才素质。

其次,从人才的管理上看,我国需要进一步提高知识产权调解工作的准入门槛,完善人才的遴选和任用机制。知识产权调解的从业人员应当从有经验的教师、法官、律师或者公司法务等知识产权专业队伍中,通过考核或是推荐的方式进行选拔,并接受并进行严格质量把关。在此基础上,国家应当在知识产权调解的实际工作中建立一套完整的行业规范和考评机制,对具体的调解工作展开有效的指引和监督。此外,应当逐步加大调解工作队伍中的专职人员的比例,不断提升调解工作的专业性和中立性。

最后,从人员的待遇上看,我们应当努力建立知识产权调解从业人员的激励机制,给予相关工作人员应有的薪金待遇和发展空间,从而吸引更多的专业人才为我国知识产权调解工作贡献一份力量,使这一事业能够拥有源源不断的后续人才,进而得以长远持续发展。

(三) 规范并完善知识产权纠纷调解程序

程序正义往往是实体正义的基础。现阶段我国知识产权调解缺乏良好的程序予以规范,为切实提高知识产权调解的专业性、公信力和效率,国家应当大力规范并完善知识产权的调解程序。对程序的完善包含了内部和外部两个方面,从内部上看,需要对调解程序的具体流程和环节细化和明晰,从外部上看,则需要充分协调调解程序和诉讼、仲裁、执行等程序的衔接与配合。

在内部程序的细化上,需要有专门的法律或是行业规范予以引导,对调解的启动、通知的送达、调解地点的确定、调解人员的组成、调解笔录的制作、证据的认定、文书的撰写等做出详尽规定。一方面,调解的过程应当有着统一的流程和范式,在各个环节进行精细打磨,以确保调解进程的顺利开展;另一方面,根据不同类型的知识产权纠纷,应当结合纠纷的种类、性质或是标的额差异,予以区分对待。

在外部程序的衔接上,既要各有侧重,也应当着重突出调解程序应有的地位,以切实发挥调解在解决知识产权纠纷中的重要功能,从而起到调解机制的分流作用和补充作用。例如,在与诉讼程序的衔接上,要做到调判结合,案结事了,对于能够调解、有条件调解的案件,尤其是大量的小额纠纷,就要可能通过调解结案节约司法资源,对于难以通过调解解决的纠纷,就要尽快转向诉讼程序,通过诉讼解决问题。在与仲裁程序的衔接上,制度的设计要尽可能发挥这两种民间纠纷解决机制的沟通与协调。而在与执行程序的衔接上,制度设计则要尽可能简化调解协议的执行程序,降低调解协议的执行难度,从而为调解的最终落实打下坚实的基础,防止司法资源的浪费。只有协调好各类纠纷解决机制之间的配衔接,才能够形成制度之间的良性联动。

(四)加大知识产权纠纷调解的宣传力度

一个良好的知识产权调解机制需要得到社会的整体认同,然而由于社会各界往往对于知识产权制度尚存在不理解之处,对于知识产权调解机制的运行和发展还尚未形成重视,因此,为了在全社会范围内切实发挥知识产权调解机制的作用,真正服务于民,则离不开政策上对于知识产权调解机制的大力宣传。

我国应当大力宣传多元化纠纷解决机制在纠纷解决中的优势,把调解纳入知识产权普法宣传工作,营造良好的舆论氛围。一方面,在线下可以通过开展座谈会、讲座的方式向企业、高校、科研院所等知识产权常见的纠纷主体介绍调解机制的运作方式,引导其在发生知识产权纠纷时根据纠纷具体情况适时地选择调解机制解决纠纷;另一方面,各个调解机构应当建立起专门的信息公开平台,向公众公布办公地点、机构设置、人员配置、调解流程等基本信息,便于公众了解机构情况,在发生纠纷时能及时有效地选择利于纠纷便利、快速解决的调解机构。调解机构可以在信息平台上发布调解成功的案例,将各类常见纠纷类型汇编成案例形式,并做出分析和评价,使公众对调解结案的案件有一定的了解和把握,从而降低调解的不可预期性,增强调解的权威性、影响力,进而提高公众的认可度。更加值得注意的是,随着互联网的发展和普及,开展在线纠纷调解机制已成为时代发展的需要,其高效便捷低廉的特性为其快速发展赢得很大的空间和机会,而依托互联网平台进行宣传,同样是大有可为。欧美国家已有成熟的在线纠纷解决机制,我国西湖法院"在线矛盾纠纷多元化解平台"也已搭建完成,我国的调解机制在建设的过程中也有必要进一步发展在线纠纷解决机制。这些在新技术下的尝试都会为扩大知识产权调解制度的影响力做出巨大的贡献。

第二节 知识产权仲裁制度

一、我国知识产权仲裁制度的产生背景与重要意义

(一) 我国知识产权仲裁制度的形成

2011年,最高人民法院对2008年《民事案件案由规定》做出修改,在第二级案由"四十二、申请承认与执行法院判决、仲裁裁决案件"项下增加"申请执行知识产权仲裁裁决"。

2015年,国务院印发《国务院关于新形势下加快知识产权强国建设的若干意见》,首次以中央政府的名义提出要"推动相关国际组织在我国设立知识产权仲裁和调解分中心"。① 我国知识产权仲裁体系的建设从国内延伸到国际,充分显示了我国构建知识产权替代性纠纷解决机制的国际视野和战略眼光。

2016年,《"十三五"国家知识产权保护和运用规划》作为国家"十三五"规划的重要组成部分,提出应在以司法保护为主导,以行政和司法两条途径优势互补、有机衔接的基础上,拓宽调解、仲裁等社会治理渠道,构建知识产权领域多元纠纷解决机制,从而形成知识产权大保护格局。同年,国家知识产权局在《关于严格专利保护的若干意见》中强调要"健全知识产权调解、仲裁规则,调动各类社会团体与机构的积极性,发挥社会调解与仲裁等替代性纠纷解决机制的作用"。② 仲裁制度在知识产权纠纷解决领域的拓展进一步加快。

2017年,最高人民法院《中国知识产权司法保护纲要(2016—2020)》提出"有效发挥仲裁和其他纠纷解决方式在知识产权纠纷解决中的积极作用,

---

① 参见2015年《国务院关于新形势下加快知识产权强国建设的若干意见》第六条"提升知识产权对外合作水平"之(二十六)。

② 参见2016年11月国家知识产权局《关于严格专利保护的若干意见》第六条"引导社会力量参与治理,共建专利保护社会治理机制"之(二十四)。

鼓励当事人通过非诉讼方式化解纠纷。加强与仲裁机构、行业协会、调解组织的沟通,推动知识产权民事纠纷解决第三方平台建设,畅通诉讼与仲裁、调解的对接机制,统一相关流程和法律文书。支持仲裁机构、调解组织在证据保全、财产保全、强制执行等方面依法履职,形成知识产权纠纷非诉讼解决便捷机制"。① 同年,国家知识产权局《关于开展知识产权纠纷仲裁调解试点工作的通知》提出要"充分发挥仲裁与调解在协调解决知识产权纠纷中的重要作用,探索形成知识产权纠纷多元化解决机制,为权利人提供更多的争议解决途径和维权选择"。

近十年来,我国知识产权仲裁制度的建设逐步取得成就,知识产权仲裁调解机构建设不断推进,知识产权诚信体系建设和信用监管进一步深化。为全面落实《国家知识产权战略纲要》部署,强化知识产权保护,各年度《国家知识产权战略实施推进计划》对仲裁制度的建设均提出了具体要求。(见表4-1)

表4-1 《知识产权战略实施推进计划》之仲裁制度建设要求

年度	仲裁制度建设相关内容
2013年	支持有关机构开展版权争议的仲裁工作
2014年	推动知识产权争议调解仲裁机制建设,培育一批有公信力的知识产权争议调解仲裁机构,发挥仲裁在解决知识产权争议中的作用
2017年	建立知识产权仲裁机构,完善知识产权争议解决机制
2018年	加强知识产权纠纷仲裁工作,继续开展知识产权保护规范化市场培育认定。(知识产权局、贸促会负责)
2019年	推动知识产权纠纷仲裁工作开展,完善知识产权仲裁工作规程

(二)我国知识产权仲裁制度的作用

随着知识经济的深入发展,我国的知识产权仲裁制度建设已取得一定

---

① 参见2017年最高人民法院《中国知识产权司法保护纲要(2016—2020)》第五条"重点措施"之(十二)。

进展。然而,目前我国知识产权保护强度和知识产权纠纷解决机制相较于部分发达国家仍有较大差距。知识产权替代性纠纷解决机制是知识产权司法保护和行政保护的重要补充,知识产权仲裁作为替代性纠纷解决机制的常用模式,其自身体系构建对于优化知识产权保护模式具有重要价值。

1. 缓解知识产权行政与司法保护体系的运行压力

仲裁制度在处理知识产权侵权纠纷时具有明显的优势,这首先体现在知识产权仲裁在程序上的便捷性方面。仲裁程序的要求相对简便,可以最大限度地降低维权的成本和周期。仲裁不同于诉讼,其无须遵循固定的诉讼程序,且一裁终局的程序设置更能贴合市场经济的效率价值需求。此外,知识产权的权利存续具有时间性,如果不能在权利存续期间内快捷有效地解决知识产权争议,则会致使权利人丧失其所应享有的知识产权效用价值。

2. 满足知识产权国际贸易纠纷处理的现实需求

随着知识经济的迅猛发展,知识产权纠纷呈现出去区域化的发展态势,为避免和减少诉累,大多数跨国企业倾向于采用仲裁的方式解决知识产权争议。联合国于1958年6月就曾制定《承认及执行外国仲裁裁决公约》,以便成员国的仲裁裁决能够在其他成员国内得到承认和执行。迄今为止,世界上已经建立起众多极具专业性和影响性的仲裁机构。在跨国贸易日益频繁的当下,知识产权仲裁的国际化需求日益激增,为满足知识产权纠纷解决需求,我国必须要在理论上对知识产权仲裁问题进行多角度、深层级的探讨,在政策上对知识产权仲裁发展予以全方位、宽领域的支持,使得知识产权仲裁既能契合我国基本国情,又能适应国际竞争的需要。

知识产权仲裁制度的另一优势体现在其运行上的相对私密性。商业秘密、产品配方及技术工艺等知识产权涉及企业的竞争地位和未来发展,是企业竞争核心力量的重要体现,一旦泄露会给当事人造成难以弥补和不可逆转的重大损失。仲裁以不公开审理为原则,在保护当事人商业信息方面具有天然的优势,有利于保障当事人的声誉、隐私和技术秘密。换言之,仲裁审理过程的相对保密性正好切合了当事人的迫切需求,使其在一定程度上规避知识产权信息泄露风险,因此,仲裁也成为国际贸易中知识产权纠纷解决的首选方式。

二、我国知识产权仲裁制度的既有成就与现存不足

(一)我国知识产权仲裁机构的设立现状

据统计,北京、上海和广州三家知识产权法院在2014—2017年案件审理的17 554件案件当中,标的额在1 000万元以下的有12 564件,占总数比例为71.57%(部分文书中未提及案件标的额,因此标的额在1 000万元以下的案件占全部案件的比例可能更高)。对于仲裁案件中争议较小的著作权案件,其所占标的额最小。在标的额为1 000万元以下案件中,95.17%的著作权纠纷案件标的额小于10万元。

上海知识产权仲裁院于2009年03月05日受理了成立以来的首起知识产权纠纷案件,标志着以仲裁形式处理知识产权争议已在上海实际运行。该案的双方当事人均为外地公司,表明知识产权仲裁得到了一定程度的认可,也凸显出仲裁的无地域性和管辖权限制的优势。江苏省于2017年在常州市建立全省首家知识产权仲裁中心,成立涉台商事仲裁中心,积极探索仲裁机构专业化发展路径,不断擦亮仲裁服务品牌,提升仲裁公信力,2017年全年受理仲裁案件556件,标的额14.45亿元。

为落实浙江省政府"从严保护、快保护、大保护、为了保护知识产权"的四个方面,浙江省知识产权局和省高院发布了诉讼、对接等一系列措施,并与杭州市仲裁委员会联合发布措施,加强知识产权保护,建立健全仲裁平台。辽宁省大连市知识产权仲裁院于2018年7月26日揭牌成立,是辽宁省第一家解决知识产权纠纷的专门仲裁机构。该仲裁院的成立旨在推进辽宁自由贸易实验区大连片区的发展,完善知识产权保护体系,优化自贸区法治化、国际化营商环境、发挥仲裁法律制度解决知识产权纠纷的专业、高效、保密独特优势。

表4-2　全国部分地区知识产权仲裁制度建设相关文件

颁布机构	颁布时间	相关文件及内容
北京市知识产权局中关村科技园区管理委员会	2019.4.18	《中关村国家自主创新示范区知识产权行动方案(2019—2021)》:"完善知识产权'大保护'。构建行政执法、司法审判、多元调解、商事仲裁、法律服务、社会监督、行业自律'七位一体'的知识产权大保护格局,推进知识产权保护更加协同高效。探索设立中关村知识产权仲裁机构,拓展知识产权纠纷解决渠道。"
上海市人民政府	2008.9.23	《关于本市实施<国家知识产权战略纲要>若干意见》的通知:"进一步加强诉讼释明、指导与司法调解,拓展多元化的纠纷解决机制""适时建立上海知识产权仲裁院,发挥仲裁处理知识产权纠纷的作用。"
广州市人民政府	2017.1.27	《广州市加强知识产权运用和保护促进创新驱动发展的实施方案》:"在南沙自贸试验区建立与国际仲裁模式接轨的知识产权仲裁体系""强化国家知识产权局专利复审委员会与广州知识产权仲裁院的合作,建立专利无效确权与侵权仲裁的对接机制。"
河北省人民政府	2017.6.22	《河北省人民政府关于落实国务院扩大对外开放积极利用外资若干措施的意见》:"完善知识产权纠纷多元解决机制和知识产权侵权查处快速反应机制。加强知识产权执法、维权援助和仲裁调解工作,促进行政执法与司法有效衔接。加强知识产权国际合作与交流,推动相关国际组织设立知识产权仲裁和调解分支机构。"
天津市知识产权局	2017.08.21	《天津市知识产权局关于推进严格专利保护工作实施意见》:"鼓励自贸区知识产权管理部门建立跨境贸易中知识产权争端快速解决机制,推进健全行政保护、司法保护、商事知识产权仲裁和民间调解'四位一体'专利纠纷协调解决机制。"

颁布机构	颁布时间	相关文件及内容
湖南省人民政府	2018.1.18	《广州市创建国家知识产权强市行动计划(2017—2020年)》:"加强知识产权仲裁院与相关知识产权管理部门、行业协会的联系与合作,探索知识产权领域网络仲裁快速维权机制(广州知识产权仲裁院、市知识产权局负责)。"
武汉市知识产权局	2010.3.20	《2010年武汉市专项执法集中行动和12330维权援助统一行动工作方案》:"创新专利纠纷案件行政调处方式,优化仲裁和行政资源整合配置,充分发挥行政调处的便捷、高效、经济以及仲裁的自主选择仲裁员、保密的特点和优势,实施专利纠纷案件行政调处与知识产权仲裁对接,简化知识产权维权救济程序。"
杭州市人民政府	2014.11.10	《关于进一步贯彻落实中华人民共和国仲裁法的通知》:"积极支持知识产权仲裁院。"
西安市人民政府	2016.12.29	《西安市知识产权"十三五"发展规划》:"加强'12330'知识产权维权援助与举报投诉平台建设,逐步拓展区域知识产权维权援助工作站布点,建立维权援助管理制度。支持知识产权仲裁机构、纠纷调解机构发展,促进知识产权纠纷的多元化解决。"
福州市人民政府	2017.1.22	《福州市开展新一轮国家知识产权示范城市工作方案》:"鼓励福州市企业运用知识产权仲裁方式解决知识产权纠纷。加大力度探索众创、众包、众扶、众筹知识产权保护政策。"
珠海市人民政府	2017.2.17	《关于2016年度法治政府建设工作情况的报告》:"完善仲裁制度。以服务地方经济建设为目的,加强派驻分支机构建设。成立高新知识产权仲裁中心,集中重点服务全市知识产权仲裁案件,推动仲裁工作走向经济建设一线;成立横琴新区小额消费争议仲裁中心,快速、权威、低成本地解决小额消费争议,促进横琴旅游市场秩序良性发展。"

颁布机构	颁布时间	相关文件及内容
郑州市人民政府	2017.11.9	《郑州市国家知识产权强市创建市工作方案（2017—2020年）》："推进知识产权纠纷多元化调解机制建设。探索建立知识产权社会保护模式，加强知识产权仲裁服务机构、产权纠纷调解机构建设，探索建立'郑州市知识产权仲裁院'，推进知识产权保护多元化发展，提高维权效率，降低维权成本。"
青岛市人民政府	2018.9.19	《青岛市国家科技成果转移转化示范区建设实施方案》："发挥知识产权仲裁一裁终局、专家办案的优势，形成多元化知识产权纠纷解决机制，构建知识产权大保护体系。"
南京市人民政府	2018.10.13	《南京市知识产权运营服务体系建设实施方案（2018—2020年）》："拓展知识产权争议解决途径，构建集司法、行政、海关、仲裁多位一体的知识产权保护新格局，保护中心审理庭年审案件不低于50场次。"

(二) 我国知识产权仲裁制度的发展困境及其成因

目前，知识产权纠纷在国内仲裁机构所受理案件中占比极少，仲裁制度的优势和作用难以充分发挥。与知识产权调解相比，仲裁未占知识产权替代性争议解决机制的一半。① 在国家知识产权局的大力推动下，知识产权调解工作开始提早，多地政府专门就此发文，配合推进。在全国知识产权调解受案量持续增多的情势下，知识产权仲裁受案量增幅较小。

此外，知识产权仲裁案件的类型较为单一，知识产权仲裁所发挥的效用极为有限。知识产权仲裁机构主要负责涉及知识产权类的案件，其案源中的知识产权纠纷几乎都是涉及合同的纠纷，具体包括特许经营合同、技术服务合同、技术开发合同、技术转让合同、技术咨询合同、版权合同、出版合同、专利实施许可合同，以及其他知识产权类合同纠纷。换言之，该类案件除了合同标的是知识产权之外，与其他普通民商事合同纠纷中并无差别，并不能

---

① 在29家首批能力建设知识产权仲裁调解机构中，仲裁机构仅有7家。

代表典型意义上的知识产权纠纷。反之,与知识产权特性密切相关的知识产权确权、侵权纠纷则极为少见。以贸仲委为例,在其于2014年至2016年期间受理的知识产权纠纷案件中,合同纠纷占案件总数的87.5%。从现有知识产权仲裁机构的建立和运作的角度来看,当前中国知识产权制度发展的原因主要有以下几点。

1. 全国知识产权仲裁机构的发展建设水平不一

我国的仲裁事业在仲裁法颁布后的20多年中有了长足的发展,仲裁机构的专业性与公信力等也都逐步得到了社会的认可,在解决纠纷方面发挥着重要作用。但是,全国257家仲裁机构的发展存在着严重的不平衡,具有专业的知识产权人才储备的仲裁机构少之又少,而知识产权对法律人才的专业性要求又极高,尤其是专利类纠纷,像专利审查机关那样具有大量理工科背景的专业仲裁员并不多。所以,恰恰是仲裁机构引以为傲的专业性,在知识产权仲裁方面很可能成为一块短板,这在一些地处高校资源较少、借助外力较难的三四线城市的中小仲裁机构中体现得尤为明显。

我国仲裁机构数量多但质量良莠不齐的现状,大大降低了知识产权有效性仲裁的可能性。中国知识产权仲裁制度的发展时间不长,部分仲裁机构可能仍欠缺相应的判断能力,若将关乎市场主体核心利益以及社会公共利益的知识产权交至其处理,显然会带来一定的风险。

2. 地方仲裁机构处理知识产权案件的公信力不足

在知识产权仲裁机构建立之初,知识产权案件的标的额在过去很长时间里并不高。对于仲裁机构而言,无论案件标的额大小,仲裁机构均需投入几乎相同的人力物力财力,花费差别不大的成本。相较而言,标的额较大的土地类、建筑工程类等纠纷更容易成为带有逐利性质的仲裁机构的偏好案源。由此,实践中仲裁机构的发展就产生了一个怪圈:有实力的仲裁机构有更多更好的案源,但对知识产权仲裁案件积极性不高;人才储备不足的一般仲裁机构虽愿意拓宽包括知识产权案件在内的案源,却处于经济相对落后、知识产权案件不易发的地区,且其能力与公正性不容易得到信任。侵权方和被侵权方在选择本地仲裁机构上出现差异,将直接导致知识产权仲裁案源的减少。因此,仲裁机构的公信力建设具有重要意义,必要时可借助行政力量推动知识产权仲裁公信力的建设工作。

3. 部分类型知识产权纠纷的可仲裁性存疑

就世界范围来看,可仲裁的知识产权争议大多为两类:一是著作权效力争议和侵权争议;二是因专利或商标合同产生的争议或者侵犯专利权和商标权争议。至于专利或商标的有效性争议往往交由国家公共机关审查并做出决定。① 如果赋予仲裁机构决定相关知识产权效力的能力,无疑将损害国家行政机关在赋予特定知识产权上的专属职权,仲裁机构自然也就无从涉足关于二者有效性的争议解决。

仲裁裁决的效力具有相对性,其仅对双方当事人发生法律效力,并不影响该知识产权在行政机关登记的效力。侵权纠纷中往往也会伴随着有效性抗辩。即便纠纷双方能够达成仲裁协议,侵权一方提出的有效性质疑,也会将仲裁程序拖入泥潭,仲裁不得不等待有权机关的判断出炉后,方得以继续。知识产权无效裁决既然仅在当事人之间有效,那么在仲裁中失利的一方到专利局或商标局继续挑战权利的有效性几乎是多发的。由此,在仲裁周期之后,当事人又进入诉讼周期。它不但没有体现仲裁高效、经济的特点,反而增加了当事人的诉累,降低了仲裁的公信力和可采性。

4. 知识产权仲裁与司法程序的衔接规则模糊

司法保护作为我国处理知识产权纠纷的常用模式,在解决知识产权纠纷中发挥重要作用。相比之下,知识产权仲裁方法的发展面临许多问题,例如仲裁的适用、仲裁协议的效力、仲裁的管辖权、仲裁裁决的执行等。尤其是在仲裁裁决的执行问题上,法院针对国内国外仲裁裁决往往适用双重标准,对国内仲裁裁决的轻易撤销和不予执行等行为,导致知识产权仲裁裁决的公信力难以为继。此外,诉讼和仲裁作为当事人解决知识产权纠纷的主

---

① 《专利法》第 45 条规定:"自国务院专利行政部门公告授予专利权之日起,任何单位或者个人认为该专利权的授予不符合本法有关规定的,可以请求专利复审委员会宣告该专利权无效。对专利复审委员会宣告专利权无效或者维持专利权的决定不服的,可以自收到通知之日起三个月内向人民法院起诉。"根据《商标法》第 34 条规定:"对驳回申请、不予公告的商标,商标局应当书面通知商标注册申请人。商标注册申请人不服的,可以自收到通知之日起十五日内向商标评审委员会申请复审。当事人对商标评审委员会的决定不服的,可以自收到通知之日起三十日内向人民法院起诉。"

要方式各有优缺,我国司法实践在运用时并没有将两者有机结合起来。目前我国的仲裁临时措施仅囿于证据保全和财产保全这两方面内容,范围非常狭窄,难以适应知识产权仲裁的需要。而且,我国法律仅对临时措施的种类和适用程序提供一般性规定,没有详细规定当事方申请临时措施的具体条件和要求。

三、我国知识产权仲裁制度的未来措施与重点任务

(一)建立具备较高专业水准的知识产权仲裁机构

1. 加大知识产权仲裁宣传力度

各地仲裁机构通过多种途径的全面宣传仲裁法律制度,加深社会公众对仲裁解决知识产权争议优越性的认知,增强当事人对通过仲裁解决知识产权争议的信心。在"世界知识产权日""12.4全国法制宣传日"等相关期间发放仲裁宣传资料、广泛开展现场宣传活动,让仲裁切实走入公众视野。有条件的仲裁机构定期举办仲裁知识普及、仲裁案例分析讲座,与企业合作推广仲裁法律制度与相关条款。在报刊、广播、电视等传统媒体上开设仲裁栏目,拉近与公众之间的距离;通过仲裁官方网站、微博、公众营销号等新媒体途径,扩大知识产权仲裁的社会影响力。

仲裁机构可以加强对知识产权仲裁知识的传播,如在著作、专利技术或者商标等许可授权合同以及涉及知识产权的投资并购合同、研发合同、雇佣合同中推广仲裁条款。通过合同文本向当事人提供可选择的仲裁条款,鼓励当事各方根据实际情况选择仲裁方式解决知识产权纠纷。

2. 遴选专业知识产权仲裁人员

仲裁机构在行业中所获得的整体评价是体现仲裁权威性的重要因素,当事人会基于仲裁员的专业性和选择上的便利性而选择通过仲裁途径解决争议。对此,仲裁机构需聘任优质仲裁员、树立仲裁员的个人权威、加强仲裁机构内部管理,从而提升仲裁程序的可信度。

知识产权仲裁机构应根据行业、学科、专业等建立专业而全面的仲裁员名册,详细列明仲裁员的学术背景、执业经历、特长等信息,为仲裁双方当事

人提供完整的仲裁员名单。为保障仲裁员的专业水平和职业操守,仲裁机构需要对登记在册的仲裁员加强监督,若发现或经由当事人反馈仲裁员存在不当行为或具有回避事项,应及时进行处理,保障仲裁过程和结果的公平公正。

3. 完善知识产权仲裁机构设置

知识产权争议往往与经济发展水平相联系,在建立知识产权仲裁机构方面,没有必要在中国各地建立知识产权仲裁机构。为提高知识产权仲裁效力,我国可以参照知识产权法院设置的模式,在知识产权争议频发地区设置独立的知识产权仲裁机构,例如北京、上海、广州、杭州等。通过独立的仲裁系统管理知识产权专业仲裁机构,依靠仲裁委员会根据现有的仲裁资源制定独特的仲裁规则和仲裁措施,解决知识产权纠纷,集中精力提高知识产权仲裁机构水平,提高国际化水平,并发展知识产权仲裁的特征方面。此外,考虑到某些地区有权处理知识产权争端的仲裁庭的现状,可保留其在知识产权仲裁规则的指导下处理案件的职权,待时机成熟时再构建全国性的独立知识产权仲裁体系。

(二)构建符合国际贸易需求的知识产权仲裁制度

1. 完善知识产权仲裁相关规则

目前,多数发达国家已通过立法或判例放宽了对知识产权仲裁在案件类型上的限制,以公共政策为由否定部分知识产权纠纷可仲裁性的做法已无法满足国际贸易的现实需求,无法适应知识产权国际贸易规则变革的发展趋势,对此,我国需逐步探索建立知识产权仲裁制度。具言之,针对商标、专利等需要行政机关事先审查的知识产权,明确关于其权利有效性的仲裁结果只在仲裁双方之间生效;未经当事人申请撤销或无效,则不影响行政机关登记的权利归属,即仲裁的既判力不能否定行政机关对知识产权有效性的认定。行政机关可以将仲裁机构合法做出的有效性仲裁裁决作为决定的参考依据。仲裁结果在原则上不对第三人的权益产生影响,如果仲裁结果获得了法院颁布的强制执行令,当事人可以到相关知识产权部门进行登记并产生公示效力,从而突破仲裁结果的相对性,产生对世效力。

2. 使用新技术助力知识产权仲裁

区块链作为收集、固定和防篡改数据的技术手段,能够有效保存电子证据,仲裁机构应灵活运用区块链技术进行线下取证,通过取证设备自动生成包含时间、地点、数据格式、校验码等取证要素的取证报告,获得完整的电子数据信息。研制成熟的仲裁区块链标准体系,推进电子证据管理平台的建设。完善基于区块链建设的"仲裁链",对数据签名并通过共识机制确认后上链,辅以智能合约,从而保证数据的真实性、合法性、关联性,实现审判和证据的标准化。经核实签名的存证数据可作为仲裁判定的直接证据,简化流程,提高效率,节约成本。

3. 优化知识产权简易仲裁程序

仲裁类型细分为简易仲裁和普通仲裁,简易仲裁程序类似于司法中的简易程序。简易仲裁的优点是能够迅速地处理类型化的仲裁案件,全程始终只有一名仲裁员,仲裁程序各个阶段期限均较短,节省仲裁人力、物力、财力的投入,提高仲裁效率。对于纠纷简单、争议金额较小的案件,可以通过简易仲裁的方式解决。此外,依据世界知识产权组织的相关成熟经验,涉及电影和媒体、电视节目形式,以及视听作品国际集体管理协会等集中化、类型化的知识产权纠纷,可将其纳入知识产权简易仲裁的范围。

(三)实现知识产权仲裁与诉讼程序之间有机衔接

1. 落实知识产权仲裁和诉讼程序的协调运作

仲裁和诉讼的协调机制应保持一种"和而不同"的状态,法院应尊重仲裁的有效性,在有限范围内对仲裁协议和仲裁裁决的效力进行司法审查和认定。一方面仅对仲裁协议的合法性进行审查,细化合法性审查的具体方面,充分尊重当事人的意思自治;另一方面,对仲裁裁决的效力认定应侧重于程序内容而非实体内容,明确法院司法审查的具体方面,尊重商事仲裁规律和仲裁规则。

我国可借鉴部分发达国家"法院附设仲裁"的方式,推动仲裁与诉讼程序的衔接,明确当事人在提起诉讼之前必须要经历仲裁程序,使知识产权纠纷在仲裁阶段得以解决,从而在整体上缓解知识产权诉讼的压力。鉴于仲裁程序的独特优势颇值法院认可,许多发达国家不仅将其作为替代性纠纷解决机制的重要组成部分,而且还将仲裁程序积极地纳入司法诉讼程序之中。

2.完善知识产权仲裁临时措施的相关规定

知识产权纠纷与市场经济的发展密切关联,知识产权纠纷呈现出复杂多样的发展趋势。因此,知识产权仲裁不能局限于证据保存和财产保存的单一模型。目前可从下列几方面完善知识产权仲裁临时措施的相关规则。

其一,建立开放化、多元化的知识产权仲裁临时措施,根据纠纷中当事人的具体申请,由仲裁庭对该项临时措施做出是否进行的决定,从而使知识产权争议的解决更具灵活性与有效性。

其二,细化适用知识产权仲裁临时措施的标准和前置要素。在临时措施决定发出前,必须由仲裁庭对当事人申请临时措施的紧迫性和可能造成的后果进行评认定。在评估临时措施的紧迫性时,仲裁庭必须要确认该案临时措施的申请具有现实紧迫性,若不及时采取临时措施就会给当事人造成无法弥补的实际损失;在评估可能造成的后果时,仲裁庭需要对临时措施对双方当事人造成的行为效果进行权衡,当申请临时措施的当事人所提供的担保仍不能挽回临时措施造成的损害时,需要慎重考虑和决定临时措施的实行。

第三节　知识产权新型替代性纠纷解决机制

ADR(alternative dispute resolution,替代性纠纷解决机制)概念起源于美国,1998年美国的《替代性纠纷解决机制法》对ADR定义为:替代性纠纷解决方法包括任何法官宣判以外的程序和方法,在这种程序中,通过诸如早期中立评估、调解、小型审判和仲裁的方式,中立第三方在论争中参与协助解决纠纷。当代世界上的国家和地区致力于通过ADR的发展促进司法和社会治理体系的改革,形成了世界范围内的ADR趋势。这适应了当今社会解决争端的实际需求,也符合纠纷解决和法治发展的规律。随着该制度在世界各国范围内的普遍适用,已成为非诉纠纷解决机制的总称。ADR并没有明确的外延,能够将不断创新的非诉纠纷解决方式都纳入其中。一般认为,仲裁、调解以及谈判是最为传统的替代性纠纷解决机制。在此基础之上经不断发展而逐步创设出了新型替代性纠纷解决机制,主要是对各种非诉纠纷解决机制的融合运用。

一、知识产权新型替代性纠纷解决机制的研究背景、形势

在20世纪下半叶,世界各地不同国家和地区的民事司法制度改革提出的口号是"诉诸司法"。在这种概念和背景下,司法协助的ADR在世界范围内开始兴起。进入快速发展时期。ADR旨在在司法管理中发挥辅助作用,减轻司法压力,转移和减少诉讼。一方面,通过程序的简化和便利,公众将有更多的机会使用司法;另一方面,通过司法的社会化,大量的纠纷将从诉讼转移到ADR,并增强了解决社会纠纷的能力,使公民有机会及时地获得解决纠纷的权利。

(一)知识产权新型替代性纠纷解决机制发展的背景

越来越多的民间组织、行业协会,以及各领域内专家被纳入知识产权纠纷解决体系中,越来越多的纠纷处理方式被引入知识产权保护大格局中。知识产权不仅是一种产权,而且是一种商业策略。知识产权拥有者和侵权者既拥有专有权,也拥有市场垄断,他们也可以成为具有交叉许可和利益转移的商业伙伴。中国经济正处于增长速度转变时期、结构调整痛苦时期、刺激政策消化初期的"三阶段叠加"时期,中高速增长将成为新常态。经济发展速度、结构和力量三个方面的变化,必然会引起各种经济关系、社会关系和法律关系的新变化,也给解决矛盾、争端及社会稳定带来新的挑战和新的任务。在很大程度上,经济关系将表现为某种法律关系。在经济发展的新常态下,交易方式将不断创新,矛盾纠纷的类型、特征和规律不可避免地发生新的变化。在信息社会发达的现代社会中,技术、文化和信息不断更新,市场趋势也在迅速变化。在激烈的市场竞争中,高成本、费时的诉讼不是最佳选择。对于有兴趣保持合作交流的各方,ADR是一个不错的选择。它不仅保障当事人的合法权益,而且还引导当事人达成合作协议,将侵权关系转

化为市场合作关系,更有利于实现知识产权的有效利用,促进知识产权的市场化,产业化和资本化发展。

知识产权行业中,持续增长的纠纷数量与有限司法资源之间的矛盾也成为迫切需要解决的问题。受传统观念影响,公众过分依赖国家权力来解决争端,大量争端涌入司法机构。但是,并非所有争议都适合通过诉讼解决。公众对诉讼机制了解不足,诉讼期望值过高。当诉讼手段无法合理解决纠纷时,就会对国家公共权力产生不信任。同时,员额制度的实施限制了法官人数,导致案件数量与法官人数之间发生冲突,司法资源和司法权力无法满足解决争端和社会现实的需要。知识产权纠纷具有高度复杂性、利益保护紧迫性和市场关联性等显著特征,导致单一的诉讼机制并不能完全满足各方的上述争端解决需求。

但从整体来看,由于缺乏相关制度支持、机构设置过于零散、宣传推广力度不够等原因,导致目前传统的替代性纠纷解决机制传统的仲裁、调解存在一些掣肘之处,发展不够理想。譬如,仲裁制度的运行并没有充分实现分流知识产权纠纷的作用,不管是在综合性仲裁机构还是专门性知识产权仲裁机构中,知识产权案件受理量都不尽理想。部分知识产权仲裁机构的主要任务还限于理论研究,主要开展一些知识产权仲裁方面的法律咨询和宣传活动。调解方面也存在公众认可度不高等问题。这启示着除却采取措施完善调解、仲裁等ADR的发展之外,例如加强知识产权ADR的制度建设、进行现有的知识产权ADR资源的整合等,还需推动知识产权新型替代性纠纷解决机制的建构。

(二)知识产权新型替代性纠纷解决机制面临之形势

ADR在发展初期曾受到法律界的质疑,依法治国的当代社会不仅认识到了ADR的合法性,而且赋予它更高的价值。由"世界司法项目"提出的"法治指数"评估体系已经采用ADR作为评估法治的重要标准。将ADR纳入法治指数不仅标志着其合法性的确认,而且还意味着当代法治概念本身的变化:从倡导国家中心,诉讼无所不能,对抗和僵化,零和思维和法律专业人士的垄断多元文化主义,追求善政,鼓励社会参与,以及通过平等协商和对话实现双赢的转变。在当今时代,谈判,调解,互利双赢,当事方的选择和参与以及对社会规范的尊重等基本概念已逐渐成为一种新型的主流争端解决文化。

二、知识产权新型替代性纠纷解决机制的成就与不足

知识产权替代性纠纷解决机制旨在通过多种途径,避免将纠纷的有效解决途径局限于诉讼领域,为当事人提供多种方式的选择以确保纠纷得以有效及时的化解。目前,党和国家领导部门给予"社会治理"这一主题高度重视,除仲裁、调解外的其他知识产权新型替代性纠纷解决机制正逐步应用于实践之中,并取得显著作用。然而,通过相关文献研究,发现在实际应用中存在一些需要解决的问题,须对其发展现状做效用评析。

(一)知识产权新型替代性纠纷解决机制取得的成就

中央及各地区积极探索建立知识产权新型替代性纠纷解决机制的经验,积极推进地方立法尝试、民间维权平台构建、知识产权领域信用体系的建立,以及诉讼与非诉讼纠纷解决机制之间的联系取得了显著成效。

1. 不断深化立法经验探索

随着中国特色社会主义法律体系的不断完善,替代性纠纷解决机制的法律法规发展迅速。在国家层面,先是颁布《中华人民共和国调解法》,后又修订《中华人民共和国民事诉讼法》《中华人民共和国仲裁法》,为替代性纠纷解决机制的运作提供法律依据。同时,中共中央办公厅、国务院办公厅颁布《关于完善矛盾纠纷多元化解机制的意见》;最高人民法院陆续发布《关于人民法院进一步深化多元纠纷解决机制的意见》《关于进一步推进案件繁简分流优化司法资源配置的若干意见》等司法改革政策和司法解释。上述官方文件均对深化替代性纠纷解决机制改革指明方向。在地方层面,厦门、山东、黑龙江、福建等省份相继出台多元纠纷条例。

2. 积极引导行业商会自律管理

行业商会的自律管理,是知识产权新型替代性纠纷解决机制中的重要内容。在保证行业商会独立自主、自律管理的前提下,国家知识产权局不断鼓励社会组织加强行业管理,支持社会组织依法开展知识产权鉴定、咨询、

培训、维权、调解等活动,颁布《专业市场知识产权保护工作手册》《企业知识产权管理规范》等文件,指导行业商会积极探索知识产权自律管理,并在行业内部化解纠纷、规范业内秩序方面取得明显作用。具体措施包括:一是依托行业协会或成立保护联盟,制定保护公约及配套文件。公约主要包括知识产权维权对象的界定及备案条件、举报投诉程序、侵权责任承担、宣传培训服务、维权机构设置等内容。二是鼓励行业协会接收知识产权侵权举报、调解化解纠纷。协会内部化解的方式有利于维护业内秩序,深受中小企业欢迎。三是由行业协会提供法律咨询和宣传培训等服务。大量行业协会已开展法律咨询和宣传培训等基础性工作,定期邀请专家讲课、指导知识产权维权工作。四是提倡行业商会开展专业市场及商户知识产权诚信等级认定工作,制定具体的等级认定标准、认定方法,对本地区知识产权诚信等级进行认定。以上措施有利于保障行业协会的自律管理能力,推动实现其在市场、商户和消费者之间的非诉纠纷解决作用。

3.稳步加快民间维权平台建设

全国已建立了17个知识产权快速保护中心。同时,在建立的76个维权援助中心的基础上,不断深化维权援助和举报投诉机制,加强执法和维权工作的信息化建设,设立了400多个分支机构、工作站和其他分支机构,知识产权保护援助和报告投诉网络覆盖全国大部分地区;在现有"12330"公益电话的基础上,充分发挥"互联网+知识产权保护"在公益咨询服务中的作用,增加运行中国知识产权维权援助与举报投诉网(www.12330.gov.cn);建成并运行执法办案信息(国家、省、市三级)报送管理系统,初步建立了报告和投诉维权援助的系统。知识产权保护平台建设取得良好发展,稳步推动知识产权社会治理方式的普及。

4.初步建立知识产权领域信用体系

近年来,《社会信用体系建设规划纲要(2014—2020年)》《〈国务院关于新形势下加快知识产权强国建设的若干意见〉重点任务分工方案》和《<关于严格专利保护的若干意见>任务分工和工作进度方案》等多份国家规范性文件均强调推进知识产权领域信用体系建设。2017年,国家发展和改革委员会和中国人民银行制定《关于对故意侵犯知识产权严重失信主体开展联合惩戒的合作备忘录》。2018年11月,国家发展和改革委员会、人民银行、国家知识产权局等38个部门单位联合签署《关于对知识产权(专利)领域严重失信主体开展联合惩戒的合作备忘录》,国家知识产权局和其他37部门将对实施了知识产权(专利)领域6类严重失信行为的主体施以一项或多项惩戒措施。这6类严重失信行为是我国专利领域中突出存在的问题,而这38项惩戒措施则囊括了社会生活众多关键方面,为商标、地理标志等其他知识产权领域信用体系建设提供经验帮助,助力知识产权领域信用监管覆盖面的进一步扩大。

5. 尝试衔接诉讼与非诉讼纠纷解决机制

就诉讼与非诉讼纠纷之间的衔接而言,全国有3 000多个法院设立了"诉讼服务中心"或"诉讼和对接服务中心",以解决在申请或预审阶段的大量争议。一些法院建立的"多元化调解中心"设有人民调解工作室,该工作室与工会、青年团委员会、妇女联合会、残疾人联合会、社区和青年团委员会建立了工作地点。建立私人救济与公共救济之间的联系,有效保护权利人的利益。上述举措增强了非诉讼纠纷解决方式的权威性、强制执行力,有助于实现诉讼与非诉讼纠纷解决方式的优劣势互补。

(二)知识产权新型替代性纠纷解决机制存在的不足

通过中央的大力支持和地方的积极探索,知识产权新型替代性纠纷解决机制明显得到更多关注和认可,形成了可供复制推广的宝贵经验。但在整个制度运行过程中也存在一些问题,可能制约其进一步发展。

1. 尚未建立统一的法律制度,机构设置过于零散

虽然我国已通过一系列法律规定了替代性纠纷解决机制的内容,但仍基本局限于仲裁、调解等传统替代性纠纷解决方式,且其规定过于概括,难以有效适用于领域覆盖范围广、专业程度高的知识产权纠纷。在此背景下,我国在构建知识产权替代性纠纷解决机制时采用试验主义模式,即由中央提出知识产权大保护格局之下,由各地进行实践探索,从中找出最优的、可复制的模式,再面向全国推广。但是由于缺乏统一的法律体系指导,各地的知识产权替代性纠纷解决机制基本由当地政府支持和推动,各机构的建设水平参差不齐。某些机构甚至在设置前未进行充分的事前调研和预判,对

知识产权相关资源造成不必要的浪费。

2. 公众认可度不高，非诉讼纠纷解决机制间衔接不顺畅

在多年的实践中，各地法院普遍建立了诉讼与非诉讼的对接平台。但是从目前的结果来看，许多工作仍停留在系统构建的水平上，尚未得到有效实施。原因是一些社会组织对自己的争议解决功能没有足够的了解，主体意识和责任感不强。然而，由于其自身司法权的限制，法院没有足够的手段来协调和整合争议解决资源，而且权限不足，还无法推动中国建立替代性的知识产权争议解决机制。同时，受传统观念的影响，民众对于诉讼机制的认识不够，过分依赖国家公权力解决纠纷。面对知识产权纠纷时，大多数当事人更倾向于选择传统的诉讼模式。新的替代性知识产权争议解决机制无法有效发挥作用。

3. 缺乏相关数据信息，针对性理论探究太少

知识产权新型替代性纠纷解决机制主要依赖纠纷主体的私力救济，一般不存在信息记录、收集、整理等情况，容易造成有用信息的隐匿，不利于后续制度研究的开展。例如，在以"中国企业大数据平台"为代表的数据库中，以"企业信用"为关键词检索，仅能获取一定地理区域范围内的宏观统计结果；以"知识产权"为关键词检索仅能获得权利登记授权或备案的情形，难以获取非诉讼模式下知识产权纠纷处理的数据记录，自然无法为制度研究提供实践依据。此外，通过文献检索可知，"替代性纠纷解决机制"这一概念自提出以后，已成为现代法律研究中的热门话题，但是理论界的探究将其放置在民商事争议领域内，具体限定在知识产权领域研究替代性纠纷解决机制的较少。加之知识产权新型替代性纠纷解决机制具有较强的私密性和自主性，相关信息和参考资料较少，目前有限的关于知识产权替代性纠纷解决机制的理论研究大多以知识产权的仲裁、调解为对象进行研究，缺乏针对性的理论研究。

三、知识产权新型替代性纠纷解决机制的措施与任务

尽管仲裁、调解是知识产权替代性纠纷解决机制中的重要内容，但绝不

能忽视新型解决方式的效用。为了切实优化知识产权新型替代性纠纷解决机制,不仅需要充分发挥私主体的自治意识、调动民间力量的积极性,还应当立足科技前沿,不断提升知识产权纠纷解决的科学性、效率性。立足当下的实践经验,展望未来发展,现提出如下的建议。

(一) 总结地方先进经验,统一规划纠纷解决资源

首先,为了形成科学、系统的指导,立法机关应当提炼地方实践经验中具有理念性、普遍性及互通性的经验,尽快启动省级层面的立法进程,将地方改革成果制度化、法律化,保障替代性纠纷解决机制在法治轨道上健康发展。

其次,由于新型替代性纠纷解决机制涉及的社会主体众多,需要给予平台建设人、财、物的充足保障,并将考评督导严格落实。在制度的建设初期,建议由党委、政府部门承担指引、监督的职责,对现有的纠纷资源进行统一规划,将民间性、行政性和司法纠纷解决机制整体布局,逐步形成科学的机制和程序,改善目前各部门相互掣肘、资源浪费、效率低下的状态,进而稳步推进知识产权新型纠纷解决机制的适用推广。

(二) 增强民众信赖,发挥当事人纠纷主导地位

与仲裁、调解等传统替代性纠纷解决手段不同,新型替代性纠纷解决手段更加提倡民众自治,提升民众对非诉讼机制的信赖,增强当事人在知识产权纠纷中的主导意识。主要思路是通过官方渠道扩大宣传,以权威平台的信服力带动知识产权新型替代性纠纷解决机制的宣传效果,鼓励纠纷当事人首先通过自力救济的方式解决争议,实现知识产权纠纷解决方式的多元发展。具体措施包括以下几方面。

第一,通过人民法院、政府部门牵头,通过汇报机制的建设的有效成果推动自然人、企业、其他社会组织的理念升级,增强其主体意识和责任意识,助力社会各主体学习知识产权新型替代性纠纷解决机制的有益适用经验。

第二,有效利用公众信息获取渠道,正确引导公众及企业认识到多元化的纠纷解决手段,增强非诉讼方式的说服力和影响力,提高公众及企业对于非诉讼方式的认可与信赖,促使其通过替代性纠纷解决方式解决纠纷。

第三,借助行业年会、博览会等企业聚合型平台,积极宣传或引入知识

产权新型替代性纠纷解决机制。这既是普及推广该机制的绝佳平台,又能促进企业与企业之间关于纠纷解决的经验交流,充分调动当事人的主导意识,推动知识产权新型替代性纠纷解决机制的落地实施。

(三)确定行业规范标准,深入探索行业商会自律模式

在中国传统的治理体系中,国家权力通常直接面对个人并进行干预和调整其行为。这种治理方法的成本过高,在一定程度上影响了实施效果。充分发挥商会自治功能可以有效克服上述弊端。一方面,行业自治更为直接。通过建立行业自治规则,可以综合使用更多技术手段来直接实现治理目标;另一方面,行业自治具有灵活性。为了恰当地响应技术发展和市场需求,在没有预见和不涉及立法的地方,可能会出现代表行业自治的多元化自我监管机制,可以补充和改善立法中的漏洞和歧义。

行业自律作为一种重要的行业自主治理与约束手段,难以直接通过市场治理自发形成,主要通过建立规章制度、制定行业标准实现。行业商会应当加强自身组织建设,明确奖惩措施,激发会员企业工作主动性,树立行业商会权威性。为推动行业发展自律规范,行业商会还应当结合行业特点、发展需要确定相关的行业规则,将行业应当遵守的基本规则。

此外,作为由市场参与者组成的表达自身愿望和要求并维护共同的经济和社会利益的社会团体,行业商会具有协调市场参与者的利益,提高市场分配效率和维持市场秩序的功能,可作为会员企业处理知识产权纠纷的中间平台。作为第三方力量,行业商会具有高度自主性和自治能力,在会员企业间具有一定的权威性。加之行业商会的工作人员专业化水平一般较高,且对本行业十分熟悉,由行业商会作为中间方协调、促进知识产权纠纷的解决极为合适。

同时,借由该定纷止争职能的履行,行业商会可将此类纠纷的处理情况数据化整理,总结编写成行业类指导案例,为会员企业通过私力救济方式解决知识产权纠纷提供思路帮助,更具针对性与实践意义。

(四)重视行业信用信息管理,深化社会信用体系中知识产权信用机制的建立

政府,行业协会,商业信用中介机构,企业和个人是社会信用活动的主

要主体,各自承担不同的责任。行业商会掌握着会员企业甚至上下游企业的信用信息,应当积极响应国家政策号召,深入推进行业商会知识产权信用机制建设。

从正面意义出发,行业商会应当结合行业特点,制定行业信用评价规范和标准,建立健全行业信用状况评价制度,并通过建立行业信用承诺(诚信和自律公约),组织会员公司进行总体签署,并在"Credit China"网站和行业网站上公布信用承诺。从负面意义思考,行业商会可以通过纠纷处理情况对相关企业的信用状况予以评分,并将"知识产权信用情况"纳入会员企业的评估中,最后通过定期颁布行业规划及总结的形式,深化行业层面的知识产权信用机制建设。

在此基础上,行业信息流通体系也要加强。建立会员企业和整个行业的信用信息系统,全面收集行业内该行业公司的信用信息,并以此与政府部门及相关行业建立信息交流共享机制,实现知识分子的流动。关于财产信用信息,因为国家知识产权局会向通过国家信用信息共享平台签署备忘录的其他部门和部门以及在"信用中国"网站上的国家企业信用信息公开系统提供严重不可信的主题清单,因此知识产权局政府网站已向公众宣布。相关行业商会也应当与国家知识产权局等政府部门保持联系,积极履行定期上报严重失信行为的职责,由行政机关出面保障纠纷处理结果的强制执行,保证失信信息传达的双向通畅,借此完成非诉讼纠纷解决机制之间的程序衔接工作。

(五)立足科技前沿,创新替代性纠纷解决机制

技术调控相较于现有制度规范具有前瞻性、稳定性与科学性等优势,区块链、大数据、互联网技术与 ODR 等能够较好地适用于知识产权纠纷的解决,无论是事前预防、事中化解还是事后救济,都具有广阔的应用前景,值得就此进一步研究并深度开发。

1. 区块链技术适用于知识产权纠纷预防

区块链可通过建立高效稳定的存证机制,进行知识产权纠纷的事前预防。区块链最为显著的特质即为"去中心化",其相异于以往对数据"中心化"处理方式所存在的"信任机制"建构方面的缺陷,以分布式系统结构有效实现替代并完美填补短板。区块链中每一次数据的流转都须通过系统内全部节点的监督、验证进而发布,和过去必须通过中介对外传递讯息大为不同,区块链基于数学算法予以建立的规则极难篡改(除非同时控制区块链系统内50%以上的节点,这几乎难以为之),从而得以保障区块链能够有效保证信度。

区块链可通过提供加入时间戳的"存在性证明"解决知识产权权属纠纷。譬如,信息技术时代的快速发展,传统的商标制度面临许多难题。例如商标使用的时间节点难以明确、打击假冒商品举证难、驰名商标认定标准的不一致等问题。原因是数字时代的电子商务中商标使用时间点难以确定、商标使用的证据难以获得等。而区块链可明确商标使用节点的先后,并凭借其多节点数据存储的模式,将商标所涉信息安全记录。从而使得区块链的信息写入即记录,证据难以固化的问题得以有效化解。而且区块链可显著降低知识产权等制度的边际成本。使用区块链进行版权确权产生的成本约为每次0.3元,可显著节省人力物力及系统的运营成本,此外,权利凭证的即时生成极大地简化了早期的版权确认和复杂的数据准备过程。

区块链可用于处理著作权登记制度中"孤儿作品"等问题,预先化解版权交易纠纷。孤儿作品对作品的后续使用不利,譬如希望使用作品的他人,不能获得使用该作品的授权许可,从而在使用中面临着侵权风险。目前的著作权登记制度由于需要填写著作权人的真实信息,进而阻碍了匿名作者进行权利登记。而区块链通过代码传递数据信息等于有效实现了"匿名化"处理,并运用特定协议,以公钥和网络地址一一对应的方式记录作者信息,这样既完成了信息传递记录又避免了作品交易时透露作者身份。

通过权力下放,集体维护,共识信任机制等新兴模式,区块链一举颠覆了传统的市场交易信用体系,为解决信用危机提供了一种新的途径,例如"拜占庭将军问题",确保交易安全。现实中对此已有实际运用,杭州互联网法院在被誉为"区块链第一案"的"华泰一媒诉道同公司"一案中,认定利用区块链技术保护网络版权可得到法律上的认可。美国佛蒙特州也通过法案,承认区块链记录的有效性和作为法院无须验证证据在法院的可采性。区块链构筑的信息交易平台可以极大地降低信息搜寻成本,凭借其开放性的特质,令交易各方具体了解知识产权交易信息,事后维权、证据采集和尽职调查等成本亦可有效降低。

2. 互联网技术、ODR 实现知识产权纠纷化解

随着信息化水平的提高,ADR 基于适应信息化、智能化、便捷化的要求,在线纠纷解决机制(ODR)建设方兴未艾,并取得许多进展。是故,可推动知识产权在线纠纷解决机制(ODR)的建设。具体措施方面,可通过建立知识产权 ODR 平台,将人民法院、企事业单位、相关组织纳入衔接渠道,提高其资源共享和信息互通的能力,并及时将线下的知识产权纠纷汇总到线上,实时对相关当事人公布纠纷处理进程。进而,线上平台尝试开展网上咨询、网上鉴定、远程视频、在线协商等工作,整合现存的各类资源,从线下走到线上,线下线上跨界融合,提升解决知识产权纠纷的效率。

另外,对于互联网知识产权侵权现象,可以运用有效技术措施,主动移除知识产权侵权内容。知名的国外云盘 Dropbox 的"文件哈希值匹配黑名单"技术,就是利用哈希算法检查共享文件的哈希值,如果匹配就阻止文件的上传或分享。① 这样既可以防止侵权内容传播,也不会查看用户私人文件夹,侵犯隐私权。目前,国内也有云盘 UGC 内容版权过滤系统、利用关键词、头文件识别或抽帧识别比对,MD5、CRC32 和 SHA1 等技术手段识别、移除侵权内容。

综上所述,先进的技术工具对 ADR 的推动作用在于它将一种以解决问题为目的、自上而下的管理手段变成了一种以预防问题为目的、自下而上的手段。这一新的治理范式所体现出的合作性、协同性、自主性、回应性等特点都为 ADR 应有的思路变革提供了技术支持。将区块链、大数据、云计算、互联网技术等方面引入 ADR 中,不断丰富 ADR 的技术应用广度、深度和力度,可以为当事人合理选择纠纷解决方法提供合理预期,为解决纠纷和社会

---

① 所谓哈希算法是将任意长度的二进制值映射为较短的固定长度的二进制值,这个小的二进制值称为哈希值,其也是一段数据唯一且极其紧凑的数值表示形式。如果散列一段明文而且哪怕只更改该段落的一个字母,随后的哈希都将产生不同的值。要找到散列为同一个值的两个不同的输入,在计算上是不可能的,所以数据的哈希值可以检验数据的完整性,其一般用于快速查找和加密算法。见严蔚敏:《数据结构与算法分析》,北京:清华大学出版社,2011 年第 1 版。

治理决策提供依据和参考,助力知识产权 ADR 的有效发展。

  随着知识产权纠纷数量呈指数型爆发增长,司法资源的有限性和法律功能的局限性导致现有制度无法有效因应社会需求。ADR 的专业性、保密性、灵活性和高效性的制度优势日渐受到社会青睐,越来越多的国家和地区制定了积极鼓励 ADR 发展的战略、政策和法律,并将其视为司法改革的重要内容。不仅传统替代性纠纷解决机制仲裁和调解得到广泛应用,还出现了各种工业和专业争议解决机制以及新的 ADR,在线争议解决机制(ODR)也在涌现。未来包括区块链、大数据、人工智能、互联网技术等可能发挥更大的作用,值得对此期待,并有必要尽早进行理论证成与实践运用。具体措施包括:总结地方先进经验,统一规划纠纷解决资源;增强民众信赖,发挥当事人纠纷主导地位;重视行业规范引领价值,深化知识产权信用机制建设;立足科技前沿,创新替代性纠纷解决机制。

第五章 防止知识产权滥用制度

第一节 防止知识产权滥用制度概况

一、国内制度背景

2008年6月5日国务院公布的《国家知识产权战略纲要》所规定的战略要点之一就是"防止知识产权滥用",并要求"制定相关法律法规,合理界定知识产权的界限,防止知识产权滥用,维护公平竞争的市场秩序和公众合法权益"。为了防止滥用知识产权,知识产权的行使应遵守相应的法律法规,包括知识产权法本身的法规、民法的基本原则、反不正当竞争法的法规及反托拉斯法的规定。从他们自己的独特角度来看,他们确保知识产权的行使(一种法律垄断)不会偏离法律规定的基本目的。基于此,知识产权不仅是保护的问题,而且是包括防止滥用知识产权在内的全面的多链接系统。在新形势下,中国在进一步加强知识产权保护的同时,还必须采取有效措施,防止知识产权滥用。从发展趋势看,伴随知识经济、数字经济的快速推进和高新技术的迅猛发展,知识产权的不断强化与扩张势不可当,知识产权作为核心竞争工具衍生出的滥用危害更加突出,诸如滥用知识产权封锁市场、垄断技术、实施不正当竞争等,甚至演化为挑起贸易摩擦、进行贸易保护的工具,迫切需要建立一系列针对性的知识产权滥用监管体系,以响应实践的需要。在此背景下,本课题对"反对知识产权滥用"问题进行了全面研究,既符合当下我国发展需求和国际形势,也具有合理的前瞻性,以及重要的理论与实践的价值。

二、国内制度概况

长期以来,我国同样十分重视对知识产权滥用的防范和规制,除了在《国家知识产权战略纲要》这一纲领性文件中对此提出明确要求之外,也通过各种法律、法规或者专门性规定,对多种知识产权客体设计了"反滥用"制度。《知识产权强国战略纲要》作为面向新时代和未来的纲领性文件,也必然会在现有制度的基础上有更进一步的发展和完善。

(一) 知识产权滥用相关的国内制度概况

1. 专利

在对知识产权保护的法律的制定和完善过程中,我国一些立法已经涉及对专利滥用的规制,而囿于专利滥用行为所具有的不同的法律性质,其在我国的《民法通则》或《民法总则》《合同法》《专利法》《反不正当竞争法》《反垄断法》中均有相关的规定。① 首先,《民法通则》(第七条)或《民法总则》(第一百三十二条)所确立的禁止民事权利滥用原则或规范为专利权这一民事权利的滥用提供了总则性的规范依据。其次,《合同法》及《技术进出口管理条例》《关于审理技术合同纠纷案件适用法律若干问题的解释》等规范则确立了损害社会公共利益,违反法律、行政法规的强制性规定或含有限制性条款的合同无效制度,即从契约安排角度施加了对专利许可权滥用的必要限制。再次,我国《专利法》自起草之初便规定了专利强制许可、国家征用、合理使用(不视为侵犯专利权)、效力否定制度等,试图对专利滥用从专利制度内部对其进行明确的规制,其中专利强制许可制度在历经几次修法后,其适用条件和范围已不断得到完善,另外,专利恶意诉讼、虚假诉讼、懈怠行为、标准必要专利诉讼滥用、不当寄发专利侵权警告函等专利救济权的程序性滥用行为也涉及较多的不正当竞争问题,当然,从反不正当竞争立法

---

① 宁立志:《规制专利权滥用的法律范式论纲》,《社会科学辑刊》2018年第1期。

者的态度来看,这一问题并没有在具体规则设计中进行相应安置,这也有待于与《反垄断法》修法进行衔接处理,但在《反垄断法》未来无力兼顾的情形下,在符合《反不正当竞争法》立法目的及"不正当竞争行为"评价时,应当给予《反不正当竞争法》的适用以一席之地,①譬如经营者适用该法一般条款寻求相应的司法救济。最后,我国《反垄断法》第五十五条规定:"经营者滥用知识产权,排除、限制竞争的行为,适用本法。"这一原则性规定明确了《反垄断法》对于滥用专利权限制竞争行为的规制空间,但囿于缺乏具体的适用标准,早在2009年,国家工商行政管理总局就开始研究起草《关于知识产权领域反垄断执法指南》(以下简称《指南》)。然而,后来人们认为,在中国实施《反垄断法》的时间不长,在知识产权领域实施《反垄断法》的实践经验更是有限,目前根据中国的实践,全面的内容和完整的制度、颁布知识产权领域的反垄断执法指南的条件还不成熟,实践中涉嫌滥用知识产权的行为被排除在外。

限制竞争也需要加以规范。《关于禁止滥用知识产权排除限制竞争行为的规定》的制定工作,并于2015年4月7日,国家工商行政管理总局公布《关于禁止滥用知识产权排除限制竞争行为的规定》以规范滥用知识产权以排除和限制竞争的行为。其间,最高人民法院还出台了《关于审理因垄断行为引发的民事纠纷案件应用法律若干问题的规定》,之后,国家发展与改革委员会、工商总行政管理总局也各自起草了有关知识产权滥用的反垄断指南,并分别于2015年12月和2016年2月发布,2017年3月,国务院反垄断委员会发布《关于滥用知识产权的反垄断指南(征求意见稿)》,从其内容来看,其具体对专利的实体性滥用包括涉及知识产权的垄断协议(联合研发、交叉许可、独占性回授、不质疑条款、标准制定及其他限制)、滥用市场支配地位行为(包括不公平高价许可、拒绝许可、搭售、附加不合理的交易条件及差别待遇),以及经营者集中予以规制和明确。

对于"标准必要专利"这一特殊的专利类型,国内有关滥用问题的制度建设尚处于探索阶段,大部分相关文件效力层级较低,但新的法律法规及规

---

① 宁立志:《规制专利权滥用的法律范式论纲》,《社会科学辑刊》2018年第1期。

范性文件的筹备工作有条不紊;规范内容有待细化与完善,但通过积极总结国内外立法、司法经验,制度建设总体向好。

在现有法律文件的构成上,首先,《标准化法》明确指出法律禁止利用标准排除、限制市场竞争。其次,国家工商行政管理总局、最高人民法院分别从反垄断执法、司法的不同角度,在部门法规或司法解释中对标准必要专利权的滥用上的部分问题做出了原则性阐述。再次,为具体指引司法审判工作,作为相关案件的频发地区,北京市高级人民法院与广东省高级人民法院相继出台了有关标准必要专利纠纷案件的审理指南。另外,针对《专利法修改草案》《关于滥用知识产权的反垄断执法指南》等文件的征求意见稿已经过公开征求意见阶段,其中均有条款涉及对标准必要专利权行使的规范与限制。

在现行法律法规条文中,具体条文呈现两个主要特点:一是关注点主要集中于实践中产生的具体问题之上,缺乏底层逻辑,规范基础仍待厘清;二是条文内容受个案影响较强,导致一些规定不具有普遍适用性,或与上位文件规定相重复。

2.商标

我国现有商标法律制度尚未提出统一的商标权滥用概念,也未做出周全的规定,对于商标权滥用的讨论多限于学理范畴。目前,我国商标法重在对注册商标专用权的保护上,最新的修法理念也一再强调加强商标专用权保护,因此对于商标权滥用引发的问题,尚未得到足够的重视。但商标权滥用现象尤其如商标抢注、商标囤积、恶意的商标侵权诉讼已经严重损害了商标市场的正常秩序。

针对上述商标权或商标制度滥用的情形,在现有的立法中仅存在零星的规定。如我国《商标法》第四次修订增加了关于恶意商标侵权诉讼的规定,即在第六十八条后增加一款作为第四款"对恶意申请商标注册的,根据

---

① 2019年4月23日,第十三届全国人民代表大会常务委员会第十次会议通过了对《中华人民共和国商标法》做出修改的决定。

情节给予警告、罚款等行政处罚;①对恶意提起商标诉讼的,由人民法院依法给予处罚"。恶意的商标侵权诉讼不仅损害竞争者的利益,还浪费了司法资源,所以有必要从立法上进行规制。

　　该条款中"恶意申请商标注册"是否对应恶意的商标抢注,联系其他法条进行理解,《商标法》第四十五条②也出现了"恶意注册"一词,同时第四十四条③存在"以欺骗手段或其他不正当手段取得注册"等表达,恶意注册应是对商标注册申请人主观状态的判断,并非等同于恶意的商标抢注,而恶意的商标抢注应属于恶意注册的一种。且《商标法》第三十二条④已经对以不正当手段抢注他人已经使用并有一定影响的商标做出了禁止性规定。《商标审查标准》中用以不正当手段来解释商标抢注主观状态,缺乏可量化的标准,这也是我国立法目前关于商标恶意抢注进行判断的难点,即何为"恶意",如何将"恶意"量化在具体的标准中。

　　对商标囤积,我国《商标法》在第四次修改之前,仅有"连续三年不使用撤销"制度对其予以一定程度的规制,即第四十九条规定的任何人可以向商标局申请撤销该商标,⑤但实践中一般是商标权人的竞争对手会关注其商标权是否进行了实际使用,而且有时是出于其他目的进行"撤三"申请。近年来,随着我国商标制度的日趋完善,商标局等有关部门开始重视对商标囤积

---

①　《商标法》第六十八条第四款:对恶意申请商标注册的,根据情节给予警告、罚款等行政处罚;对恶意提起商标诉讼的,由人民法院依法给予处罚。

②　《商标法》第四十五条第一款:已经注册的商标,违反本法第十三条第二款和第三款、第十五条、第十六条第一款、第三十条、第三十一条、第三十二条规定的,自商标注册之日起五年内,在先权利人或者利害关系人可以请求商标评审委员会宣告该注册商标无效。对恶意注册的,驰名商标所有人不受五年的时间限制。

③　《商标法》第四十四条第一款:已经注册的商标,违反本法第四条、第十条、第十一条、第十二条、第十九条第四款规定的,或者是以欺骗手段或者其他不正当手段取得注册的,由商标局宣告该注册商标无效;其他单位或者个人可以请求商标评审委员会宣告该注册商标无效。

④　《商标法》第三十二条:申请商标注册不得损害他人现有的在先权利,也不得以不正当手段抢先注册他人已经使用并有一定影响的商标。

⑤　《商标法》第四十九条第二款:注册商标成为其核定使用的商品的通用名称或者没有正当理由连续三年不使用的,任何单位或者个人可以向商标局申请撤销该注册商标。

现象的治理并开展了专项行动,2018年商标局根据《商标法》第四条的规定陆续对16 000多件商标注册做出驳回决定,并对商标注册各环节进行严密监测,在审查、异议、撤销等缓解打击商标囤积。《商标法》第四次修订将第四条第一款修改为"自然人、法人或者其他组织在生产经营活动中,对其商品或者服务需要取得商标专用权的,应当向商标局申请商标注册。不以使用为目的的恶意商标注册申请,应当予以驳回"。在立法上为打击商标囤积做出了规定。

对于警告型、投诉型、垄断型等其他类型的商标权滥用,我国立法规定更是少之又少,而该几类权利滥用行为损害了市场竞争秩序,侵害他人正当权益,需要得到立法规制。

3. 著作权

目前,我国法律体系中关于著作权滥用行为的内容或抽象或具体地零星散布于各个法律之中。我国《著作权法》第四条规定:"著作权人行使著作权,不得违反宪法和法律,不得损害公共利益。国家对作品的出版、传播依法进行监督管理。"该条款较为笼统地表述了"禁止权利滥用原则"。《反垄断法》第五十五条明确了其规制范围包含经营者滥用知识产权,排除、限制竞争的行为。2019年国家市场监督管理总局发布《禁止滥用市场支配地位暂行规定》,其中第十二条,专门针对知识产权的特殊性,对知识产权领域认定经营者具有市场支配地位的分析因素进行了规定。《反不正当竞争法》第十二条规定,"经营者不得利用技术手段,通过影响用户选择或者其他方式,实施妨碍、破坏其他经营者合法提供的网络产品或者服务正常运行的行为",可作为利用反不正当竞争法规制著作权滥用的条款之一。

《民法总则》中的诚实信用原则、禁止权利滥用原则等也从一定程度上明确了著作权滥用行为的可规制性。但仍然继承了禁止限制竞争的条款。此外,现行《合同法》第四十条规定,"……提供格式条款一方免除其责任、加重对方责任、排除对方主要权利的,该条款无效"。通常著作权人用于限制交易相对人权利的"拆封合同"和"点击合同"等均属于格式合同,若相关格式合同的具体内容构成免除著作权人的责任、加重交易相对人的责任或者排除主要权利的,可适用该条款,认定合同无效。该条款可作为合同法规制部分著作权滥用行为的依据。

可见,我国著作权滥用规制条款散见于各个法律部门,《著作权法》《民法》(包括合同法)、《竞争法》和《民事诉讼法》等均有相关条款或多或少地涉及著作权滥用的问题。但是其中大部分规定过于抽象,也有部分条款有限列举部分权利滥用行为,但无法满足不断更新和变化的社会情形。总体上,我国著作权滥用规制规则缺乏系统性和协调性,导致部分著作权滥用行为无法得到有效规制,著作权人个体私利与社会公共利益之间的平衡也难以协调。

现行《著作权法》第四条虽对禁止权利滥用做出原则性规定:"著作权人行使著作权,不得违反宪法和法律,不得损害社会公共利益。"但目前尚无进一步规范来定义著作权滥用,或明确著作权滥用的构成要件、认定标准和法律后果,在很大程度上制约了该条款的真正功效。一方面,著作权保护立法的不确定性,给著作权滥用行为预留了滋长空间。例如,图书馆是否享有合理的数字复制权、数字馆际互借权等敏感问题,著作权法并无明确回复,因此,著作权人常常在著作权授权设限,以致否定图书馆从事相关服务。另一方面,著作权法对合理使用法律性质的定位不合理。根据现行《著作权法》,著作权为法定权利,而合理使用则为该法定权利的限制制度,尚未得到"权利化"。

根据现行《信息网络传播权保护条例》第七条,"当事人另有约定的除外",暗含合同能够排除合理使用的有效性,即合理使用制度的法律效力低于契约的效力。据此,实践中著作权人通过合同约定排除合理使用的情况也较为常见。竞争法相较于著作权法虽具有适用性强、灵活度高等优势,但仅限于同时造成竞争秩序受损的特定情形且适用反垄断法规制时,还要求满足市场主体具有市场支配地位等法定条件,所以反垄断法对著作权滥用行为的规制范围较为有限。加之,《反垄断法》目前仅有一个条文专门针对知识产权滥用行为,《关于滥用知识产权的反垄断指南》和《关于滥用知识产权的反垄断执法指南》也均处于征求意见的阶段,尚不具备法律效力。《反不正当竞争法》和《合同法》则有限列举了几类知识产权滥用行为,并针对性地予以规制,难以适应多变、复杂的社会实践。

4. 集成电路布图设计

为了应对加入世界贸易组织,充分实现对集成电路布图设计专有权的保护,我国先后制定了《鼓励软件产业和集成电路产业发展的若干政策》《集成电路布图设计保护条例》(以下简称《条例》)《集成电路布图设计保护条例实施细则》(以下简称《细则》)等相关政策和法规。此外,相关司法和行政管理部门也陆续出台相关规定,①进一步充实保护内容。

我国集成电路布图设计保护制度存在权利保护范围不清晰,以及布图设计专有权撤销程序的启动主体单一等问题,容易造成权利滥用。首先,集成电路布图设计专有权存在权利边界模糊的问题。一般认为能够清楚界定一件布图设计保护范围的应当是其产品,其次是布图设计图纸。但目前我国相关法律制度规定并未要求每一件申请都提交样品,甚至也未规定提交的设计图纸是原理图、模块图还是分层图。而实践中,申请人提交的设计图纸往往也存在难以清晰辨认的问题。因此即使一件申请获得登记,其保护范围也可能是模糊的,这极有可能不当扩大布图设计专有权的保护范围,造成权利滥用。

5. 植物新品种

我国植物新品种保护制度始于1985年《专利法》中对动植物品种的生产方法予以授权的规定,除此之外,还有一些相关的配套规定,如《种子法》②中对品种的含义、植物新品种种子生产许可证等的规定;《草原法》③中对新品草种公告后推广、引进草种依法审批的规定;《科学技术进步法》④对农业

---

① 如最高人民法院于2001年11月16日颁布实施的《最高人民法院关于开展涉及集成电路布图设计案件审判工作的通知》;国家知识产权局于2001年11月28日颁布实施的《集成电路布图设计行政执法办法》。

② 2000年7月8日第九届全国人民代表大会常务委员会第十六次会议通过;2015年11月4日第十二届全国人民代表大会常务委员会第十七次会议修订。

③ 1985年6月18日第六届全国人民代表大会常务委员会第十一次会议通过;2013年6月29日第十二届全国人民代表大会常务委员会第三次会议第二次修正。

④ 1993年7月2日第八届全国人民代表大会常务委员会第二次会议通过;2007年12月29日第十届全国人民代表大会常务委员会第三十一次会议修订。

科研机构自主权及政府监管的规定;《农业法》①对国家扶持动植物品种设立专项资金的规定;《促进科技成果转化法》②对"优良品种"农业科技成果转化权利的规定等。总体来看,包括其他司法解释和部门规章在内的一系列文件使得我国植物新品种的立法框架趋向完备。针对防止植物新品种的知识产权滥用,我国植物新品种保护体系规定有强制许可制度、育种及科研例外和农民权利制度。

在目前的产业发展与技术水平下,现行植物新品种反滥用制度的疏漏在于:其一,强制许可类型需要细化,现行法律规定实施强制许可的条件为"国家利益或公共利益",其范围过于狭窄,由于我国专利制度与植物新品种保护制度对于品种相关权利的双向认可,不排除同一转基因植物上不同权利人持有相关品种权和专利权,造成两种权利的冲突。此外,缺少对植物新品种无故不充分实施的滥用情形的限制,这点与商标的"撤三"规则具有一定的相似性。其二,技术进步使得关于农民特权的规定流于形式,《植物新品种保护条例》第十条规定了农民自繁自用授权品种的繁殖材料不需许可不需付费,确立了我国的农民权制度。而种业公司为了确保垄断利润,研发出了"基因终止"技术,使得农民不得保留种子,农民权利的规定将名存实亡。③ 其三,权利穷竭原则的缺失,导致司法实践已经走在了立法的前面,《植物新品种保护条例》没有规定权利穷竭原则,将会给受保护品种材料的市场流通造成潜在威胁。

(二)非典型形态知识产权滥用相关的国内制度概况

1.商业秘密

我国规制商业秘密滥用的法律依据集中于《反不正当竞争法》和《反垄

---

① 1993年7月2日第八届全国人民代表大会常务委员会第二次会议通过;根据2012年12月28日第十一届全国人民代表大会常务委员会第三十次会议《关于修改〈中华人民共和国农业法〉的决定》第二次修正。

② 1996年5月15日第八届全国人民代表大会常务委员会第十九次会议通过;根据2015年8月29日第十二届全国人民代表大会常务委员会第十六次会议《关于修改〈中华人民共和国促进科技成果转化法〉的决定》修正。

③ 吴立增、黄秀娟、刘伟平著:《基因资源知识产权理论》,北京:科学出版社,2009年,第146-148页。

断法》。前者主要关注商业秘密保护,对于滥用行为的规制是通过一般条款的形式,对违反诚实信用原则和公认商业道德的滥用商业秘密行为进行规制;后者则是在第 55 条通过设置例外条款的形式对知识产权滥用行为进行了概括式的规定。

我国目前对商业秘密滥用行为的规制存在以下问题。

(1)对商业秘密相关法律问题的理解存在片面性。侧重于关注商业秘密的保护,而忽略了对商业秘密滥用的规制。尤其是对利用商业秘密制度规避市场监管或者实施违法行为牟取利益的行为,如"人工智能算法"的监管缺位等问题。

(2)未能突出商业秘密滥用的基本特点,机械套用专利权滥用的规制规则,忽视规制商业秘密滥用的本质,即实现保护商业秘密和规制商业秘密滥用的平衡。

2. 遗传资源和传统知识

2008 年 6 月 5 日,国务院发布的《国家知识产权战略纲要》提出,构建合理的遗传资源获取与利益分享机制,保障遗传资源提供者的知情同意权;建立健全传统知识保护制度,扶持传统知识的整理和传承,促进传统知识发展。此前,关于遗传资源的相关规定多集中在环境与资源保护法领域,如《种子法》《畜牧法》①《野生动物保护法》②《野生植物保护条例》③等,我国并没有遗传资源获取与惠益分享的专门立法,知识产权制度也缺少对其的呼应。2008 年 12 月,第三次修改的《专利法》新规定了遗传资源的来源披露条款与违法不授权条款,遵循了 CBD(《生物多样性公约》,convention on

---

① 2005 年 12 月 29 日第十届全国人民代表大会常务委员会第十九次会议通过;根据 2015 年 4 月 24 日第十二届全国人民代表大会常务委员会第十四次会议《关于修改〈中华人民共和国计量法〉等五部法律的决定》修正。

② 1988 年 11 月 8 日第七届全国人民代表大会常务委员会第四次会议通过;根据 2018 年 10 月 26 日第十三届全国人民代表大会常务委员会第六次会议《关于修改〈中华人民共和国野生动物保护法〉等十五部法律的决定》第三次修正。

③ 1996 年 9 月 30 日国务院令第 204 号发布;根据 2017 年 10 月 7 日中华人民共和国国务院令第 687 号修正。

biological diversity）①和《名古屋议定书》②的相关要求与原则，这也意味着利用我国遗传资源申请的专利也都开始渐渐遵循此规范。但其遗留的问题是专利中的来源披露制度相对孤立，难以达成较好的惠益分享效果，并且其具体的操作还欠缺细化的指南。而在传统知识方面，我国仍未承认传统知识专门权利，其本身的表现形式也具有复杂性，这也间接影响到了后续有效防止不当利用机制的形成。相对而言，地方的立法则更为完备，尤其是少数民族聚居的省份，如《云南省民族民间传统文化保护条例》③《贵州省发展中医药条例》④等。

（三）防范数据信息的潜在滥用风险相关的国内制度概况

结合当前席卷全球的"信息化"浪潮和面向未来十至十五年为时间段进行分析，"大数据"和"人工智能"相关的技术突破和应用发展，将深刻改变整个社会的生产、生活方式，引起了全世界的高度重视，我国亦不例外。

从技术原理上考察，这两项革命性的技术均以现代计算机、网络等信息技术为基础，以对大规模数据信息的处理和挖掘作为模拟或者一定程度上实现人类"智能"为手段，从市场影响上考察，这两项革命性的技术背后均以数据信息的多元化应用为支撑，均隐含着数据信息资源的高度集中现象。它们作为现代社会和并不久远的未来社会"信息化"浪潮中的重要内容，也在相当大的程度上改变着社会竞争的状态。此时，数据信息成为市场竞争的主要因素，甚至成为市场基础设施，并使得基于数据信息的不正当竞争行为和垄断行为具有更高的隐蔽性与复杂性。当中的知识产权问题和潜在的滥用风险，值得引起我国《知识产权强国战略发展纲要（2020—2035）》的关注。

为全面推进我国相关技术发展和应用，加快建设数据强国，国务院于

---

① 秦天宝：《国际与外国遗传资源法选编》，北京：法律出版社2005年版，第3—11页。

② 薛达元、秦天宝、蔡蕾：《遗传资源相关传统知识获取与惠益分享制度研究》，北京：中国环境科学出版社2012年版，第251—259页。

③ 2000年5月26日云南省第九届人民代表大会常务委员会第十六次会议通过；2000年5月26日云南省第九届人民代表大会常务委员会公告第43号公布。

④ 贵州省第十届人民代表大会常务委员会公告2005年第10号公布。

2015年印发了《促进大数据发展行动纲要》。2017年10月党的十九大报告指出"推动互联网、大数据、人工智能和实体经济深度融合,在中高端消费、创新引领、绿色低碳、共享经济、现代供应链、人力资本服务等领域培育新增长点、形成新动能"。我国涉及数据保护和管理的法律规范有《民法总则》《网络安全法》《电子商务法》《刑法修正案(九)》《信息安全技术个人信息安全规范》(GB/T 35273-2017)、《公安机关互联网安全监督检查规定》《互联网个人信息安全保护指引(征求意见稿)》《银行业金融机构数据治理指引》等,这些法律规范集中于个人信息保护与数据安全问题,尚未涉及数据滥用。

2019年1月30日,市场监督管理总局发布了《禁止滥用市场支配地位行为的规定(征求意见稿)》(以下简称《征求意见稿》),在该《征求意见稿》中首次将经营者掌握相关数据的情况作为认定经营者是否具有市场支配地位的因素之一。因为我国司法实践中有关大数据纠纷案件更多与数据权益保护有关,所以我国有关数据问题的讨论尚处于如何保护数据权益阶段。尽管理论界已就大数据与竞争法问题有所涉及,但仍旧不够深入。

第二节 防范知识产权滥用的比较分析

现实中,域外发达国家和地区在重视保护知识产权的同时,也非常重视防止滥用知识产权。对此问题的比较研究,对于我国进一步发展和完善相关制度具有重要的参考价值。

(一) 已有专门立法的典型形态知识产权滥用比较分析

1. 专利

从域外规制态度和经验来看,为了应对专利滥用,欧美国家率先发展出了诸多制度规范。譬如早在20世纪初,英国就在其《专利法》的"强制许可和取消"一节中运用了"滥用垄断权"的概念,并在此后的实践中专门就"搭售条款"(可作为侵权诉讼的抗辩理由)、"延长专利垄断时间"①"无根据地以侵权诉讼相威胁"(可以直接提起诉讼、要求发布禁令并进行损害赔偿)等滥用问题在其专利法的框架下进行了具体规范,并在之后颁布的成文竞争法中就横向或纵向协议中的专利限制竞争行为予以控制等,而其对于我国的借鉴意义就在于上述立法模式较好地处理了专利法与竞争法之间的调整范围及法律责任的关系,尤其是对于拒绝合理条件许可的规制路径设计并不限于强制许可,而是包括命令其修改该限制性条件并背书当然许可等法律责任。除此之外,美国则独树一帜地在司法判例实践中将"滥用专利"作为专利侵权诉讼中的一个重要抗辩理由,专利滥用原则也应运而生并至今发挥着重要的作用,而从其曲折的发展历程来看,②该原则的适用范围已从起初的专利权人搭售不受专利保护产品的行为扩展至专利权行使中的销售或许可行为(如回授条款、一揽子许可等),并从纯粹专利法的规制框架,走向专利法与竞争法互动平衡的规制格局。③ 其中美国司法部和联邦贸易委员会于1995年发布的《知识产权许可的反托拉斯指南》更是走出了知识产权法与竞争法协调发展的关键一步,该指南不仅勾勒出专利滥用的反垄断法与专利法双重规制模式,还确立了对知识产权许可合同进行反托拉斯法分析、评估的方法和原则,形成了专利权滥用的反垄断规制范式。此后,许多国家和地区深受这种规制范式的影响,并在一定程度上借鉴、吸收了美国的相关经验和制度。2017年1月12日,美国两部门对旧指南进行修订并发布新版的《知识产权许可反托拉斯指南》,也集中反映了美国在这一领域成

---

① 在1907《英国专利法》第38(2)条、1949年《英国专利法》第58(1)条以及1977《英国专利法》第45(1)条中都作了基本一致的规定,即在销售、租赁或许可合同订立时仍然受保护的专利,在该专利不受保护以后,合同的任何一方都可以给另一方发出3个月的通知以终止该合同。但由于1988年《英国竞争法案》从2000年3月1日生效起,竞争法案第70条有关阻止限制性做法的规定则取代了专利法的规定,导致后者对显得合同也就不再适用。参见 Manual of Patent Practice Chapter, http://www.patent.gov.uk/patent/refer-ence/mpp/s44_45.pdf.

② 宁立志:《美国反托拉斯法中的专利权行使》,《法学评论》2005年第5期,第152页。

③ 宁立志、胡小伟:《专利的竞争法规制立法论纲》,《河南师范大学学报(哲学社会科学版)》2017年第1期,第40页。

文法和判例法的发展动向,其中新指南保留了"同等对待涉及知识产权的行为与涉及其他类型产权的行为""知识产权不被推定为具有市场支配力""知识产权许可通常有利于竞争"这三大原则,也澄清了旧指南中的一些模糊规定,但总体上受美国宽松的反垄断政策的影响,该指南显示出美国对于专利滥用行为过于宽容的现实。① 与之相比,作为国际三大反垄断辖区之一的欧盟,其成员国最初在专利滥用问题上并不统一,但随着欧盟致力于建立统一的内部市场,对知识产权的保护则相对退居劣位,并呈现出对专利滥用深恶痛绝的态度,也在此后的司法判决中逐渐明确"欧共体法不干预成员国国内法所规定的专利权的取得,但若知识产权行使行为会损害欧盟市场的竞争则会因违反竞争规则而违法"的准则,而欧盟先后于1996年、2004年、2014年制定并修改形成的《关于〈欧盟运行条约〉第101条第3款对技术转让协议类别的适用问题的条例》及《关于技术转让协议适用欧盟运行条约第101条的指南》等文本,则一改前期激烈的态度,转而考量正当合理性,并创新了一系列的技术规则,如确立关键设施规则、规定核心限制条款、确立安全港规则等,为竞争法视阈下去规范专利权滥用提供了较为明确的指引,其也为我国《关于滥用知识产权的反垄断指南》的制定提供了可资借鉴的蓝本。

对于标准必要专利问题,在已制定相关政策性文件的国家或地区中,文件类型多为非强制性的指导意见。其中,欧盟委员会于2017年颁布《制定关于标准必要专利的欧盟方法》,纲领性地阐述了欧盟对于标准必要专利许可条件、救济方式上采取的原则;加拿大竞争局也在其2019年出台的《知识产权执法指南》中从执法机关的角度阐述了对几种典型标准必要专利权滥用行为的处理观点;而美国的反垄断执法机关则未在2017年的修订中将标准必要专利问题列入其知识产权许可反垄断执法指南。当下,反垄断执法、司法实践仍是体现有权机构立场的主要途径。针对FRAND承诺的性质问题,美国及欧盟成员国法院广泛认为FRAND承诺属于成立于标准制定组织与专利权人之间的为第三人利益合同,或至少在本质上属于一个合同问题;标准必要专利许可费率的确定方法逐渐由单一转向数种方法相结合,其中,

---

① 张卫东:《美国知识产权许可的反垄断规制研究——兼论对我国知识产权保护的借鉴》,《价格理论与实践》2017年第7期,第38页。

欧盟的确定方式更加灵活。在权利的救济方式上,美国与欧盟均经历了从完全禁止权利人寻求禁令救济,到有条件地允许专利权人行使专利权要求标准实施者停止侵权的过程,在美国甚至出现要求在标准必要专利相关纠纷中更注重专利权有效行使的倾向。

2. 商标

域外国家中,美国并非通过成文法的形式对商标权滥用进行规制,美国的《商标法》则主要是对商标注册程序及注册商标权的保护做出了规定,[①]对商标权的滥用则予以普通法上的调整,如相关主体可通过诉讼方式指控注册商标权人实施了商标权滥用,当证据足够证明其实施了滥用行为时,可剥夺其一些已经获得的保护措施,甚至取消其商标注册,这种措施的采取可以强有力地威慑商标权人不轻易滥用其权利。在俄罗斯,商标权人对他人提起侵权诉讼时,涉嫌侵权人可以商标权人权利滥用为由进行抗辩,法院可根据《民法典》第10条的规定将权利滥用作为驳回索赔的依据,即以民法上的禁止权利滥用原则作为禁止商标权权利滥用的上位依据。[②]

在美国,商标注册不能与已经使用的商标相同或近似,这可以有效防止商标抢注现象的出现。这种规定可以免于证明商标抢注人主观上的恶意与否,只要与已经使得的商标相同或近似即不能取得注册。德国《商标法》规定注册或在商业中使用商标都可以取得商标权,且商标注册不得与在先商标相冲突。[③] 即当经营者使用商标即可取得权利时,可以有效防止他人利用注册制度的缺陷进行商标抢注。《欧盟商标法》第8条规定了驳回注册的相对理由,其中第5款也规定了申请注册的商标与在先商标相同或近似的,或有一在先欧盟商标而且该商标在欧盟享有声誉的,或有一在先国家商标而

---

① 杜颖译:《美国商标法》,北京:知识产权出版社,2013年。

② Danny Friedmann, Use or abuse? Supreme Court Takes a New Look at Abuse of Trademark Rights. California Western International Law Journalk, Vol.47,2016.

③ 范长军译:《德国商标法》,北京:知识产权出版社,2013年,第2页。

且在有关成员国享有声誉的不能进行注册。① 类似的规定可以有效防止商标抢注。商标抢注并不是中国商标法领域中的特例,英国知识产权法学者 Cornish 教授认为,"商标抢注(squatting)在英国早为所知,一个商标在进入英国使用之前已经广为人知,但一个冒险者抢先注册该商标,并希望能卖给外国建立该商标商誉的人。"②

与此同时,几乎美国、德国、英国、澳大利亚等国家相关的商标法律制度都规定了针对商标注册人的异议权、撤销权、无效宣告等规定,以保证注册商标取得的正当性。我国也有类似规定,针对他人以不正当手段取得的商标注册,可以请求无效宣告。③《欧盟商标法》规定,一般推定商标权是有效的,被告不能直接在侵权诉讼中提出商标权无效或可撤销,需要进行反诉方可质疑。《保护工业产权巴黎公约》关于商标的规定也体现了对恶意注册商标的严格规制的态度,④即申请取消或禁止使用已经取得注册或使用的商标,当该商标的注册或使用为恶意时,该请求的提出不受时间限制。

3. 著作权

《与服务贸易有关的知识产权协议》(TRIPS 协议)最先明确使用"知识产权滥用这一术语",规定了滥用知识产权救济措施等滥用行为,并要求各国对知识产权滥用行为予以规制。美国宪法"版权与专利权"条款表明了美国版权法的直接目的是保护版权人的合法权益,其终极目的则是促进科学发展。从 1976 年版权法来看,其成文法部分不断地扩张版权保护对象,期限和内容等,版权权利主要呈扩张趋势。尤其是版权保护对象扩张到技术领

---

① 《欧盟商标法》第 8 条第 5 款:此外,申请注册的商标与在先商标相同或近似的,尽管其注册的商品或服务与在先商标保护的商品或服务不类似的;有一在先欧盟商标而且该商标在欧盟享有声誉的;有一在先国家商标而且在有关成员国享有声誉的;无正当理由使用申请注册的商标会使在先商标处于不利地位或会给在先商标的显著特征或声誉造成损害的;上述申请注册的商标,经第 2 款所指的在先商标所有人的异议,不得予以注册。

② W. R. Cornish, Intellectual Property: Patents, Copyright, Trademark and Allied Rights, 4thed, London, Sweet & Maxwell, 1999, p. 663.

③ 我国《商标法》第 44、45 条是关于注册商标无效宣告的规定。

④ 《保护工业产权巴黎公约》第六条之二第三点:对恶意取得注册或使用的商标提出取消注册或者禁止使用的请求,不应规定时间限制。

域之后,版权被市场主体用作竞争工具,滥用的情况愈加严重。而其知识产权滥用原则则产生于判例法。1990 年,Lasercomb America,Inc. v. Reynolds 案中,美国法院正式确立版权滥用原则可以作为版权侵权诉讼中的抗辩事由。其中,美国的版权滥用原则最主要适用于版权人通过许可协议限制竞争、版权人限制合理使用制度允许的行为,以及版权人约束版权法并不保护的领域。《谢尔曼法》颁布之后,美国开始适用反垄断制度规制版权滥用行为。其反垄断法体系主要包括《谢尔曼法》《知识产权许可反托拉斯法指南》《国际经营反托拉斯执法指南》《反托拉斯执法与知识产权:促进创新和竞争》等。所以,美国规制的版权滥用行为的思路主要有二:其一,不当行使知识产权的行为;其二,违反反垄断法的行为。此外,在美国,版权滥用还经历了从抗辩事由到诉讼事由的转变过程。在 Broad. Music,Inc. v. Hearst/ABC Viacom Entm't Servs. 案中,法院认定,在侵权诉讼中,版权滥用可以作为抗辩,但肯定不是主动提出救济的理由。但是 Electronic Data Systems v. Computer Associates 案以及近期出现的 AppleInc. v. Psystar Corporation 案中,法院均认可版权滥用可以作为反诉理由。

欧盟既包含大陆法系国家也包含英美法系国家。在大陆法系国家,主要适用民法基本原则——禁止权利滥用,规制版权滥用行为。由于欧盟没有统一的知识产权公约,所以其主要通过竞争法规制版权滥用时,主要目的是为了防止版权滥用对欧共体经济环境造成损害。其中,《欧共体条约》第 81 条关于限制竞争协议的条款,主要从版权许可协议中是否存在限制性条款,以及该条款是否在相关市场中具有排除限制竞争的后果为条件,规制版权许可等版权贸易活动。第 89 条关于禁止滥用支配地位的条款,主要是限制具有市场支配地位的主体实施版权滥用行为,例如版权排他性交易、掠夺性定价、搭售等行为。此外,欧盟还颁布诸多条例、指南等文件配合以上条款的执行,例如 1996 年颁布的《240/96 号条例》以及 2004 年重新发布的《技术转让集中豁免条例》及配套指南《有关欧共体条约第 81 条对技术转让协议适用指南的委员会通知》将软件版权等知识产权纳入规制范围。

4. 集成电路布图设计

总体而言,世界各国对集成电路布图设计专有权的保护程度不尽相同。

以美国为代表的发达国家对布图设计专有权实行强保护,体现在布图设计商业使用权范围的扩大,善意侵权的限制以及强制许可的严格限制。而发展中国家基于国内发展现状,更注重对公共利益的保护。美国率先在1984年颁布了一项法案,以保护集成电路布图设计的专有权。该法案将半导体集成电路的布图设计称为"掩膜作品"并将其作为一种独立的知识产权加以保护。日本、欧盟、瑞典等国也先后通过专门立法来实现对集成电路布图设计专有权的保护。① 在世界各国立法的推动下,世界知识产权组织于1989年通过了《集成电路知识产权保护条约》②,这是第一次通过国际公约的形式全面、系统地规定了集成电路布图设计专有权的保护。在此基础上,世界贸易组织于1994年通过了《与贸易有关的知识产权协定》(以下简称 TRIPS 协定),该协定对集成电路布图设计专有权保护的相关内容进行了修订。

所有国家和国际条约都认为集成电路布图设计专有权包括复制权、商业使用权以及许可权和转让权。但在商业使用权的理解上存在差别,美国等发达国家对商业使用权实行强保护,即除了布局设计本身和使用该布局设计制造的芯片之外,商业使用权的范围还应当包括使用该芯片制造的产品。但大多数发展中国家要求对布图设计商业使用权作有限保护,例如中国台湾地区认为商业使用权的范围仅限于线路布局和包含线路布局的积体电路。《集成电路知识产权保护条约》在第3条和第6条也只规定了布图设计和包含布图设计的集成电路两种不同的商业使用权。1994年 TRIPS 协定采纳了美国等发达国家的立场,将商业使用权的范围拓展至使用该集成电路芯片所制造的任何产品。

5.植物新品种

UPOV 公约关于植物新品种权利限制的规定包含农民权利和研究例外。其1991年文本相对于1978年文本对这一问题有了较大变化,主要表现在前

---

① 日本的相关立法将集成电路布图设计称为"线路布局",欧共体称之为"半导体产品拓补图",瑞典称之为"半导体电路布图设计",我国台湾地区称之为"积体电路电路布局"。

② 该条约因由各国在华盛顿签订亦被称为"华盛顿条约"。由于缺少美国等发达国家的签署,该条约至今未生效。

者将权利限制分为了强制性和非强制性例外,并将农民权利划入非强制性例外的范畴,实际上强化了育种者的权利。① 1991年文本增设了权利用尽制度,但禁止品种的进一步繁殖或未经许可进行繁殖的权利不适用于权利穷竭。对植物新品种采用严格保护的美国在防止品种权滥用方面,规定了基于公共利益的强制许可、农民免责、研究例外、中介豁免和先用权制度:在支付合理使用费的前提下,可为了公共利益而开放使用相关品种;农民非以繁殖目的的销售和留种自用的行为不构成侵权;为育种和善意目的的研究与使用不构成侵权;运输经营者在其正常营业中进行的运输、交付、广告等中介行为不构成侵权;在相关品种申请日前一年以上进行的开发利用,不构成侵权。欧盟的品种权权利限制制度包含了强制许可、农民特权、非商用例外和权利穷竭,其中,欧盟品种权强制许可包括基于公共利益、改良育种和交叉许可的强制许可三个方面,其在规定农民特权的同时,也相应设立了农民义务和限制,如对象限制、缴费义务、防止种子外流义务以及向权利人提供信息的义务等。与美国类似的是,欧盟品种权的权利穷竭同样不包含禁止买方对品种进一步繁殖的权利之穷竭。而作为发展中国家和农业大国的印度,则在权利限制方面作足文章。印度的农民权利中包含有一项特殊权项,即农民长期以来对植物的改良和商业育种者一样应当受到保护和奖励,这项权利适用于印度所有的农民及植物品种。基于这种对农民初次创新权利的确认,印度形成了包括农民的缴费豁免、求偿、利益分享等在内的一揽子权利,这部分权利也与印度的遗传资源管理体系相呼应。② 除此之外,印度也设立有研究豁免、公共利益例外和与价格相关的强制许可等方面的权利限制内容。通过对比可以发现,植物新品种的国际保护体系对权利限制呈现出逐步收紧的态势。而国别立法方面,基于农业和育种产业发展阶段的不同,发达国家和发展中国家对品种权限制的侧重点有所不同,主要角力点在于农民权利的配置。

---

① 李菊丹:《国际植物新品种保护制度研究》,杭州:浙江大学出版社,2011年版,第358-359页。

② 李秀丽:《印度植物品种保护制度及对我国的启示》,《江苏社会科学》2009年第5期。

(二) 防范尚无专门立法的非典型形态知识产权滥用比较分析研究

1. 商业秘密

在立法方面,欧盟《技术转让协议指南》(以下简称《指南》)对商业秘密许可的竞争分析较为细致。首先,《指南》将经营者之间限制被许可方使用自主技术是一种核心限制;其次,由于技术信息一旦披露便无法恢复到保密状态,因而《指南》对技术信息的非竞争义务、非质疑和终止条款持有宽容的态度。允许在没有排除、限制竞争效果时使用集体豁免制度。我国台湾地区《公平交易委员会对于技术授权协议案件之处理原则》(以下简称《处理原则》)列举了包括约定被许可人应尽其最大努力制造和销售许可商品、约定保密义务、对许可期限实施限制、专利权消灭后的使用限制,以及约定许可实施费用支付义务、约定禁止再许可义务、设置许可协议期满后不得再使用的限制等十一项不违反"公平交易法"的事项,认为这些限制虽会产生若干限制竞争效果,但其对市场竞争秩序影响不大,属于知识产权行使的合理范围,并不会违反"公平交易法"的相关规定。《处理原则》合并了适用本身违法原则的技术授权协议禁止事项例示与适用本身违法原则的技术授权协议禁止事项例示,仅列举了许可的专利消灭后或专门技术因非可归责被许可人的事由被公开后,许可人限制被许可人自由使用系争技术或要求被许可人支付许可实施费用、限制被许可人制造或销售商品数量的上限或限制其使用专利、专门技术次数的上限等十二种适用合理原则的情形,认为这些限制若对系争技术所在的商品市场或技术市场产生了限制竞争或妨碍公平竞争的情形,应依合理原则加以判断。

在司法和行政执法方面,美国 2017 年《知识产权许可的反托拉斯指南》为商业秘密适用反垄断法提供了一般性指引,但未提供针对商业秘密的具体分析方法。灵活的处理方式留有足够的空间。美国法院十分重视商业秘密的保密性,而且公众无权要求披露此类机密信息。

2. 遗传资源和传统知识

从 20 世纪 90 年代初开始,与知识产权相关的遗传资源获取与惠益分享的讨论在国际、地区和国家层面展开,随着 CBD、《波恩准则》、①《名古屋议定书》等的通过,使得遗传资源国家主权原则、来源披露规则渐渐为国际社会所接受。对于知识产权中引入获取与惠益分享制度,美国坚持认为来源披露问题应当在专利法范围之外予以解决,惠益分享应当由双方通过合同的方式规定;多数工业国家亦对专利中引入来源披露提出质疑,认为现有的专利申请过程中的信息充分公开已经足以披露相关信息;而发展中国家认为引入相关规则是缓和 TRIPS 与 CBD 之间冲突的必要措施,披露的范围不仅涉及对遗传资源的利用,还应当包含持有人和有关当局的知情同意证据。传统知识的范畴相对遗传资源要更广泛一些,WIPO(世界知识产权组织,world intellectual property organization)层面迟迟未有一致的行动,而部分传统资源相对丰富的国家开始了一些国家层面的探索:哥斯达黎加通过《生物多样性法》规定了社区知识权,承认和保护传统部族对其传统知识的创新与实践;②印度《生物多样性法》《生物多样性条例》要求对遗传资源和相关传统知识的获取必须进行磋商,确保社区参与;③菲律宾《原住民权利法》在传统知识上设定了一系列法律权利,并区分为国家主权、国家所有权和传统社区权;④秘鲁则将传统知识专门权利化,用《原住民群体知识保护条例》进行保障。⑤

(三)防范数据信息的潜在滥用风险相关的比较分析研究

2016 年 1 月,美国联邦贸易委员会发布题为《大数据:包含或排除工

---

① 秦天宝:《国际与外国遗传资源法选编》,北京:法律出版社,2005 年,第 45-55 页。

② 秦天宝:《国际与外国遗传资源法选编》,北京:法律出版社,2005 年,第 154-156 页。

③ 秦天宝:《国际与外国遗传资源法选编》,北京:法律出版社,2005 年,第 200-229 页。

④ Graham Dutfield. Developing and Implementing National Systems for Protecting Traditional Knowledge: A Review of Experience in Selected Developing Countries, UNCTAD Expert Meeting on Systems and National Systems for Protecting Traditional Knowledge, Innovations and Practices, Geneva, 30 October-1 November, 2000. 转引自严永和:《论传统知识的知识产权保护》,北京:法律出版社,2005 年,第 103-105 页。

⑤ 秦天宝:《国际与外国遗传资源法选编》,北京:法律出版社,2005 年,第 371-378 页。

具?》的报告,该报告对于法律风险方面的评估主要集中于美国的公平信用报告法(fair credit reporting act,FCRA)、平等机会法(equal opportunity laws,ECOA),以及联邦贸易委员会法(federal trade commission act,FTCA)。其核心关切点在于消费者权益,即要求已经使用或考虑参与大数据分析的公司应在以下几方面审视自身是否合规:第一,在进行用于资格决定(例如信贷、就业、保险、住房、政府福利等)的数据采集和编制时,是否遵守 FCRA 的准确性和隐私条款;第二,作为债权人在信用交易中使用大数据分析时,是否违反了 ECOA 而根据种族或国籍等区别对待消费者;第三,在商业中是否具有违反 FTCA 的不公平或欺骗性行为或做法,如是否兑现对消费者的承诺向消费者提供数据实践的重要信息,是否对消费者的数据采取了合理的安全性措施,以及是否采取合理措施了解客户的目的以防止消费者数据被其用于其他非法目的等。虽然美国对于大数据规制方面的态度较为消极,关注消费者权益保护,但是由于美国国内强化竞争执法的压力不断增强,其也逐渐关注大数据领域的竞争法问题。

2015 年欧盟提出建立数字化单一市场(digital single market),旨在打破欧盟境内的数字市场壁垒。同时作为欧盟数字化单一市场战略的一部分,欧盟数据经济(data economy)也已建立,其目标是促进有利于经济和社会的数字化数据潜能的最大可能性的使用。在这一目标下,欧盟将开放不同类型数据的再使用潜能及不同类型数据的跨境自由流通,以此达成欧盟数字单一市场。2019 年 1 月 17 日欧盟委员会组织了一次聚焦数字化时代的竞争政策发展会议;4 月初欧盟委员会发布了该会议的最终报告,该报告就数字经济时代的竞争问题进行了具体回应,特别是数据信息对市场竞争的影响分析:该报告认为改变欧盟《并购控制条例》(EUMR)的申报门槛还为时过早,当前,最好是监视某些成员国最近基于交易阈值的申报阈值的实际表现,以及案件移转系统(referral system)的运作情况。

除了美国与欧盟积极发展数字经济以外,其他国家和地区也在不断加强数据信息运用,特别是数据与竞争法问题的研究。例如 2016 年 5 月 10 日

---

① 韩伟、高雅洁:《欧委会 2019 年"数字时代竞争政策大会":最终报告摘要》,https://mp.weixin.qq.com/s/RbVMhgWey5XoLwXxJsRUuQ,2019 年 7 月 10 日访问。

法国竞争管理局和德国联邦卡特尔局联合发布了一个报告——《竞争法和数据》，该报告探讨的首要问题是：大数据和人工智能技术背景下的数据信息是否会产生进入和扩张的障碍，使得主体市场支配地位的产生或增强，从而导致消费者可能遭受更高价格或更低质量产品和服务的损害。因此，该报告主要分析了数据收集和销售主体的横向合并以及非横向合并问题，数据控制者是否可以通过拒绝提供数据获取、与第三方签订独家协议、捆绑销售等行为阻碍其他竞争对手或者将竞争对手边缘化。报告认为数据控制者拒绝提供数据获取的行为具有反竞争性需要满足一定的条件，即数据构成企业要求获取数据后所实施行为的"基础设施"。[1] 与第三方签订独家协议可能会使竞争对手难以获得第三方数据，从而阻碍竞争对手，捆绑销售则是使用公司自己的数据分析服务来限制他人对有价值的数据集的访问，可能会阻碍他人进入数据分析市场。该报告还讨论了数据作为对不同客户群体进行价格歧视的工具，在某些情况下可能构成剥削性滥用。最后，该报告提及隐私保护的问题，虽然隐私问题本身不会产生竞争法的问题，但是当数据是一个具有市场支配地位主体的产品或服务的原材料的情况下，若该主体明显违反数据保护法，则隐私保护就会产生竞争法问题。

在确定数据相关市场时要注意几个方面的因素：一是地理范围[2]；二是对研发活动的影响[3]；三是数据交易市场的界定[4]；四是对多边市场和免费市场的考量[5]。该报告有关减损竞争效果的分析方法中，认为隐私保护程度可

---

[1] 只有在拒绝的理由不充分，且现任拥有的数据对竞争对手的业务来说确实独一无二且不可或缺的情况下，才应要求访问。然而，根据该报告，还必须考虑到隐私问题，因为强制共享用户数据可能违反隐私法。

[2] 通常数据交易通常不受地理限制。

[3] 需要评估数据行为对作为研发活动的未来技术市场或产品市场的竞争的影响。

[4] 即便数据收集不涉及金钱给付，也仍然可以进行市场界定。可以考虑产品的同质性以及所交易数据的使用情况，也可以通过数据获得的渠道来评估当事方的市场地位

[5] 多边平台的特性在于价格并非显性因素，可以考虑非价格竞争的维度，在考察产品之间是否具有替代性时，可以将产品是否被用于或可被用于同一目的、买方所了解的信息和其做出的行为作为判断标准，或者可以采取SSNDQ(小而显著的非临时性质量下降)或者SSNIC(小而显著的非临时性成本增加)标准，但这两个标准的主要问题在于如何定义和量化"质量"与"成本"。

以作为评估竞争效果的一个维度,同时判断企业存在通过控制原始数据来维持或强化自身市场力量的需要考虑的因素。① 荷兰经济事务部特委托 Ecorys 咨询公司从经济学角度研究大数据与竞争的关系,该研究的最终报告《大数据与竞争》于 2017 年 6 月对外发布。结合现有的文献和案例,该报告认为可以从数据是否具有排他性、学习效应与数据之间的联系、同一网络平台各方互动整合的可能性、与数据相关的互补性资产是否具有排他性,以及是否存在竞争性商业模式等方面,分析数据是否会产生或增强市场力量。同时,该报告还介绍了数据影响竞争并最终损害消费者利益的三种可能途径:滥用市场支配地位、价格歧视、合谋。其中滥用市场支配地位包括排他性滥用(例如具有市场支配地位的企业实施排他性交易、将其在受管制市场上的数据优势传导至另一市场、提高消费者的转换成本以及实施纵向整合以封锁市场)、剥削性滥用(例如超高定价、降低创新和质量、降低隐私保护水平等)以及实施不正当商业或贸易行为。

第三节　防范知识产权滥用的必要性、可行性分析

(一)防范已有专门立法的典型形态知识产权滥用的必要性与可行性分析

1. 专利

在必要性方面,反专利滥用本就是立法中已有的规范和制度,而之所以将上述重点问题写入知识产权战略规划中并予以细化和强调,主要是基于以下理由:第一,执法与司法实践认知态度的差异、操作一致性的问题,以及应对未来复杂的专利滥用实践的需要是坚持完善反专利滥用制度、强化专利滥用法律责任规范体系的现实诉求。从我国具体实践来看,广东高院对

---

① 韩伟、李正:《日本〈数据与竞争政策调研报告〉要点与启示》,《经济法论丛》2018 年第 1 期。
② 韩伟、高雅洁:《荷兰〈大数据与竞争〉调研报告评介》,《知识产权与市场竞争(第四辑)》,武汉:湖北人民出版社,2018 年,第 158–164 页。

华为诉 IDC 案的判决,国家发展改革委对高通公司的行政处罚,以及国家商务部对谷歌收购摩托罗拉、微软收购诺基亚等附加限制性条件的决定,都在专利与反垄断交叉领域做了积极探索,也为我国规制专利滥用提供了有益素材;但从另一角度来看,法院和反垄断执法机构对相关问题的认知差异及对有关制度的模糊把握,①凸显了我国在专利滥用的标准解读和责任承担上仍具有进一步凝聚共识的空间。第二,随着专利滥用将逐渐成为反垄断执法乃至司法实践的重要领域之一,我国作为专利大国并拥有广阔的营商市场,尤其在信息通讯行业,②未来必将面临更为复杂的反专利滥用的挑战和考验,因此,完善限制竞争行为的强制许可救济制度,以防范其因制度遗漏而形成的"被滥用"风险,以及由此而导致的抑制创新的效果是立法者的应有担当。故《专利法》仅仅规定因被认定为垄断行为而强制许可是不够的,还需要对具体适用的条件有更为充分的规定才能化解这一风险。③ 第三,在通过完善专利效力否定制度以规制专利滥用的问题上,而大量问题专利的存在无疑也影响了我国专利质量的提升,④也与我国构建知识产权强国和激励核心技术创造的政策目标背道而驰。第四,包括"专利蟑螂"在内的以不诚信或欺诈的方式滥用专利救济权的问题一直是国内外关注的重点,在我国强调严格保护外国企业专利的同时,也让中国的专利在国外得到有效保护及外国专利在中国的正当合理使用,才能更好地支撑扩大开放,切实维护国家利益和我国企业的正当权益,尤其是在当前中美技术博弈的大背景下,我国虽然在部分核心技术方面仍存在不小差距。⑤ 因此在未来核心技术的攻坚突破期间,我国如仅强调专利的严格保护而忽视外国企业的专利救济

---

① 张卫东:《美国知识产权许可的反垄断规制研究——兼论对我国知识产权保护的借鉴》,《价格理论与实践》2017 年第 7 期。

② 盛杰民:《知识产权滥用将成反垄断执法新目标》,http://baijiahao.baidu.com/s?id=1598783040333806512&wfr=spider&for=pc,最后访问日期 2019 年 7 月 2 日。

③ 李剑:《专利强制许可与核心设施理论的适用——〈专利法〉第 48 条第 2 款与〈反垄断法〉的衔接》,《北大法律评论》2011 年第 2 辑。

④ 国家知识产权局:《【立法问答】专利法第四次全面修改》,http://www.sipo.gov.cn/ztzl/zlfxg/xylzlfxg/1051931.htm,最后访问日期 2019 年 7 月 4 日。

⑤ 林远:《发改委反垄断局长:执法新目标将是知识产权滥用》,http://www.chinanews.com/gn/2015/03-24/7152004.shtml,最后访问日期 2019 年 7 月 2 日。

权滥用问题,则无疑会使得扩大开放、合作共赢、共同发展的愿景事倍功半。第五,关于专利权滥用抗辩的制度性安排问题,虽然其具体的制度设计学界尚存争论,但不同的制度选择则将反映我国对专利滥用规制的宽严态度,对于完善我国的反专利滥用的执法与司法模式具有重要意义;同时也反映了专利滥用的规制是不同的国家以及同一国家的不同时期的不同的选择的产物的现实,①这也要求我国的反专利滥用制度应顺应时代并适时调整。

  在可行性方面,上述反专利滥用问题的解决主要依赖于相关法律制度的完善、理论共识的指引及实践经验的积累。首先,在法律制度完善方面,在司法体制改革的大背景下,中央全面深化改革领导小组一直将法律的修订作为全面深化改革的工作要点,因此,在全国人大常委会紧锣密鼓的立法工作计划中,与反专利滥用制度相关的法律也被提上修改或制定日程,在2017年即已先后完成《民法总则》《反不正当竞争法》的立法或修订工作,而《合同法》《专利法》《反垄断法》《关于滥用知识产权的反垄断指南》也正处于修订或制定期间,这无疑将为反专利滥用制度的完善提供机遇。其次,在反专利滥用的理论共识方面,近些年以来域外经验的借鉴以及国内案例的发端使得反专利滥用的理论研究在理论和实务界已成果颇丰,而具体到上述涉及专利滥用的法律责任②、强制许可制度③、专利效力否定制度④,以及

---

① 张汉东:《反垄断执法新目标:惩治知识产权滥用》,《中国价格监管与反垄断》2015年第4期。
② 宁立志:《规制专利权滥用的法律范式论纲》,《社会科学辑刊》2018年第1期;罗少校:《专利滥用的反垄断法规制》,《中共南宁市委党校学报》2015年第1期。
③ 彭心倩:《专利强制许可下的专利权人权益保障论》,《政治与法律》2019年第5期;宁立志、杨妮娜:《专利拒绝许可的反垄断法规制》,《郑州大学学报(哲学社会科学版)》2019年第3期;李洋:《对完善我国知识产权拒绝许可反垄断法律制度的相关建议》,《中国发明与专利》2016年第7期。
④ 柳福东、黄运康:《专利权宣告无效程序质量控制研究》,《电子知识产权》2018年第11期;史兆欢:《专利无效制度的改革和完善》,《电子知识产权》2018年第8期。

以不诚信或欺诈的方式滥用专利救济权①、专利权滥用抗辩制度②、专利权的反垄断规制等重点问题，学界亦有长期关注，这对于践行知识产权战略规划来说能够提供较为坚实的理论基础和智识资源。最后，在实践经验的积累方面，面临专利滥用这一世界共通问题，明确反对专利滥用是世界主要法域的共识，我国作为专利主要输入国，已在专利滥用执法、司法方面逐渐走向成熟，其中广东高院对华为诉 IDC 案的判决，国家发展改革委员会对高通案的行政处罚，以及国家商务部对谷歌收购摩托罗拉、微软收购诺基亚等附限制性条件的决定等案件是中国明确反对专利滥用的信号，也是中国专利执法与司法水平提升到国际水准的标志之一，③当然，反专利滥用制度必将是伴随实践经验的积累而愈发完善，尤其是随着我国市场监管体制改革及知识产权专门法院体系的构建，这必将对于积累执法与司法实践经验、完善反专利滥用制度以及防范新规范引发的适用风险问题形成强大助力。

  对于标准必要专利问题，探究如何通过防止标准必要专利权滥用来保证标准技术的推广，对实现利益平衡、保障公共利益具有必要性。技术标准的制定与实施在淘汰落后产能、架构技术间互通性及增加消费者福利等方面大有裨益，我国创新能力的提高及经济贸易的发展，尤其是互联网相关产业的发展，有赖于技术标准的制定及其有效实施。但是，当专利被标准所采用时，专利权人可能获得相较于其专利未成为标准时所不存在的市场支配地位，使其更有可能通过滥用专利权获得超额利润。面对这种可能，通过制度建设与执法、司法实践明确划分标准必要专利权滥用行为与非滥用行为的界限，平衡标准必要专利权人与标准实施者的利益，一方面有助于保障专利权人的许可利益，激励先进技术的拥有者不断进行技术创新；另一方面有利于增加标准实施者对其行为可能产生法律后果的可预见性，使其在实施

---

① 陈华丽：《论知识产权滥用的法律规制》，《知识产权》2017 年第 9 期；吴国平、唐珺：《知识产权失信行为的法律规制研究》，《知识产权》2011 年第 11 期。

② 易继明：《禁止权利滥用原则在知识产权领域中的适用》，《中国法学》2013 年第 4 期；黄勇、刘东屏：《专利滥用反垄断诉讼中强制性反诉的适用》，《人民司法》2013 年第 19 期。

③ 谢冠斌、焦姗：《简析中国对知识产权滥用的反垄断规制趋势——评高通公司涉嫌的知识产权滥用行为》，《中国价格监管与反垄断》2014 年第 8 期。

标准技术时无后顾之忧,更能使社会更快、更优地享受先进标准技术推广所带来的便利,促进产业发展。我国已初步建构起来的相关制度体系及反垄断实践使对标准必要专利权滥用行为的规制具有可行性。首先,民法、专利法及反垄断法体系的构建已较为成熟,为标准必要专利滥用行为的规制提供了坚实的法律基础;其次,在经过一段时间的执法、司法实践及对域外经验的吸收与扬弃后,我国反垄断执法机关及人民法院均已对标准必要专利权的滥用方式及其类型划分有了较为深入的理解,已积累了一定的经验总结并形成了部分规范性文件。

2. 商标

目前我国商标法律制度对商标权滥用尚未予以足够的重视,也未对商标权滥用进行类型化分析。现有的立法、学理研究仅关注了个别类型的商标权滥用,如商标抢注、商标囤积,但是其他的商标权滥用如驰名商标的权利滥用、平行进口中的权利滥用、滥发商标侵权警告函等还有待于进一步的研究。但不可否认,商标权滥用问题愈演愈烈,已严重影响了商标市场的竞争、管理秩序。

究其原因,随着社会经济的发展,商标已经成为市场信息和商誉的重要载体,关系企业的生存与发展,因此市场中的经营者对商标资源展开争夺,尤其是具有市场价值的商标更成为经营者的竞争目的,在获取市场竞争优势的过程中,不可避免地出现权利溢出正当范围之外的情况。禁止商标权滥用是商标法的应有之义,符合商标法要求的诚实信用原则,是商标权绝对保护向相对保护理念的转化,也意味着商标制度从形式公平转向实质公平。

3. 著作权

著作权法通过授予智力成果所有者一定时间和地域范围内的排他性权利,给予权利人创新活动回报和鼓励,推动作品传播,具有重大的社会价值。但在利益驱动下,著作权人若滥用该垄断权利,则可能造成消费者利益损害、市场竞争秩序损害以及公共资源被不当侵占等社会性危害。

第一,著作权滥用可能对消费者利益造成损害。网络环境下,著作权侵权行为愈加广泛和隐蔽,导致著作权人的维权成本攀升。为了降低维权难度和成本,著作权人倾向于使用技术措施等手段,从事前阶段保护其作品版权。一方面,技术措施不严,可能形同虚设;另一方面,技术措施过严,可能不当损害消费者权益。例如,著作权人滥用技术措施,使消费者在付费前完全无法了解和获取与目标作品有关的信息,可能损害消费者的知情权和选择权;同时,著作权人若滥用技术措施,在交易过程中获取或者散布消费者信息,可能对消费者的信息安全和个人隐私造成威胁。

第二,著作权滥用可能对市场竞争秩序造成损害。市场经济背景下,著作权等知识产权已经成为市场主体的重要竞争工具。为获得更多的竞争利益、更大的竞争优势,著作权也被部分经营者用作损害市场竞争秩序的工具。如经营者通过技术措施的使用,让自己的机器只能使用自己公司生产的配套产品,实际上削减市场同类竞争者的产品竞争力,可能对市场竞争秩序造成损害。同时,著作权人恶意发送侵权警告、滥用诉权等行为,也可能导致市场竞争秩序受损、误导消费者等后果。

第三,著作权滥用可能削减社会公共资源或者阻碍社会公共资源的流通与利用。首先,著作权人采取技术措施限制公众获取和传播著作权保护期限届满的作品,构成对公共资源的不当侵占。其次,著作权人以公共资源为基础,进行排列、编辑后获得衍生作品的著作权,但是其通过技术措施等手段,限制公众对这些公共信息的使用和传播,实际上构成信息垄断。一方面,社会公众自由使用公共资源的权益无法得到保障;另一方面,可能造成公共资源浪费,减缓社会财富增长。再者,合理使用属于著作权限制制度,但技术措施滥用,可能阻却社会公众获取目标作品,合理使用制度无法得以实现,实质上被架空。此外,著作权滥用,尤其是技术措施滥用,可能增大执法人员和司法人员获取目标作品的成本和难度,浪费社会公共资源,也不利于著作权交易环境的净化。

4.集成电路布图设计

集成电路布图设计专有权作为一种非典型形态的知识产权,同样是一种无形财产权,与物权等有形财产权一样,客观上存在被滥用的可能性,如同保护有形财产权时必须防止和治理其滥用一样,促进和保护集成电路布图设计专有权的同时,也必须防止和治理其潜在的滥用问题。

在中国裁判文书网搜索"集成电路布图设计专有权权属、侵权纠纷"案由,可获得共计25份判决、裁定书,其中一些案件已经显示集成电路布图设计专有权存在被滥用的风险,通过调研和分析可以基本确定潜在的权利滥用情形,并制定具有针对性和可行性的规制制度,以更好地保障集成电路布图设计专有权的实施,促进集成电路产业发展。

5. 植物新品种

我国是世界上八大作物起源中心之一,拥有丰富的种质资源,我国农民在悠久的历史中培育了数以万计的植物品种,理论上来讲这应当对我国的本土的植物新品种保护是有利的,但是囿于品种权制度所要求的稳定性与一致性,这部分利益想要在知识产权与品种权制度下得以实现,较为可行的方式则是通过类似印度农民权中的原始创新奖励,这样的利益分配是符合我国国情与实质的公平正义的。在防御性的农民权利方面,"基因终止"等技术的出现,已经使得对阻止农民权利实现的因素予以限制的法律措施的出台到了必要且紧迫的阶段。至于先用权制度、权利穷竭规则,在我国加入的UPOV公约下,具有可以进行完善的现实空间,并且,这些规则在国际范围内已经形成了相对统一的认知,我国品种权限制制度对其的引入,将能够较好地纾解司法实践中无法可依的窘境。

(二) 防范尚无专门立法的非典型形态知识产权滥用的必要性与可行性分析

1. 遗传资源和传统知识

知识产权制度鼓励创新,但创新并非终点,创新背后的文化多样性与生物多样性的极大繁荣才是知识产权制度的终极追求。在遗传资源和传统知识领域,后TRIPS时代知识产权的异化已经使得这些游离在传统知识产权范畴之外的内容频遭不当利用。我国是北半球生物多样性最为丰富的国家,拥有深厚的文化积淀,防止遗传资源与传统知识的滥用是我国知识产权制度及相关立法应当充分予以考量的因素。但,我国有关制度建设相对滞后,与传统资源大国地位脱节。《专利法》中来源披露的规定只是防止滥用的规则起点,目前我国未有统一的获取与惠益分享法律,导致来源披露的违法不授权条款流于形式,进而导致披露不合要求的法律责任难以被追究。传统知识方面,由于其自身的多样态,以及学界对传统知识文献化、登记制度等存在争议,导致传统知识的反滥用问题成为一个常议常新却难以取得实质性突破的问题。

(三)防范数据信息潜在滥用风险的必要性与可行性分析

因为数据具有非竞争性、普遍性,附加数据的边际价值递减以及数据价值随时间快速下降等经济属性,所以理论上特定市场主体不会也不能通过控制数据来抑制市场竞争。尽管如此,数字化市场还存在网络效应,主要体现为三个方面:一是直接的网络效应,即当市场特定产品或服务的消费者数量增加时,对现有的消费者来说,该产品或服务的价值就增加了。二是间接网络效应,即特定产品或服务的消费者使用数据的增加,会吸引更多的制造商和开发商投入与该产品或服务兼容的产品,以此提高消费者体验,这就能形成一种正反馈回路(positive feedback loop)。三是边做边学(learning-by-doing),例如搜索引擎服务提供者在吸引更多的用户之后,其算法就越能了解用户的选择偏好,这样用户的搜索结果就会与其需求更相关,这样就可以吸引更多的用户。互联网领域的网络效应一方面能够让在位者绘制"用户画像",实施差别化价格,损害消费者权益;另一方面会产生强者愈强,弱者愈弱,"赢者通吃"的现象。

除了固有的网络效应以外,网络平台在数字化市场竞争中会本能地抵制严格保护个人数据或隐私,这种心理会反映在平台对个人数据和隐私的保护策略中。数据控制者的商业模式依赖于收集和利用用户的个人数据,那么其有动机将用户的隐私保护降低到竞争水平以下,并且收集个人数据的范围和数量高于竞争水平。经济合作组织在对谷歌的商业模式进行评价的时候表示:"对谷歌巨额持续投资开发新产品的行为可以看出数据的价值,虽然谷歌将自己的产品无偿提供给用户,但是谷歌通过安卓或者其他产品收集用户的使用数据,并使用算法和机器学习程序分析这些数据,这样谷歌就可以使用其他竞争对手不能获得的信息来增强其用户画像,谷歌也可以据此收回其前期的投入。"①因此,在数字经济时代,分析大数据在市场竞

---

① OECD,Big Data:Bringing Competition Policy to the Digital Era:Background Note by the Secretariat,p9,DAF/COMP(2016)14 (Apr. 26,2017),available at https://one.oecd.org/document/DAF/COMP(2016)14/en/pdf. 2019 年 2 月 10 日访问。

争中所扮演的角色,对于可能存在抑制竞争的数据使用行为予以合理规制,具有充分的必要性。

  与此同时,对潜在风险的防范也具有可行性。尽管数据与传统的产品或服务存在差别,但是在分析数据可能引发的竞争法问题时,同样可以依据传统的竞争法分析框架。数据对市场竞争产生影响主要存在于两个方面:一是数据是否会造成市场进入壁垒;二是数据控制者实施排他性行为是否损害市场竞争。从竞争的角度来看,数据是一类资产,其竞争意义差别很大。数据可以是一个产品(product)、其他产品的原材料(input)或者与商业无关。 数据作为产品或原材料,在考虑其是否造成市场进入壁垒,同样可以通过传统的竞争法工具予以分析,即考察数据是否具有可替代性,这种替代性的考量同样是从法律、经济以及技术等方面。对于数据控制者实施排他性行为是否会损害市场竞争的判断则需要聚焦于具体的行为类型,市场主体滥用数据优势实施的反竞争行为主要包括拒绝向他人提供数据(refusal to provide access to data)、歧视性提供数据(discriminatory access)、独家协议(exclusive contracts)、捆绑销售(tied sales)、交叉使用(cross-usage)以及价格歧视(discriminatory pricing)等方面,判断市场主体是否滥用市场支配地位,关键在于是否排除或限制了竞争,损害了消费者福利。尽管数字经济时代的市场是一种双边或多边市场,数据交易市场范围的界定存在困难,但是传统的需求替代性或供给替代性的判断标准尚可适用。同时,对于排除或限制市场竞争影响的评估同样可以从竞争对手是否能够选择其他交易对象、市场相关产品或服务质量是否下降,市场创新是否被抑制等角度考量。对于是否损害消费者福利,则依然可以从消费者的净福利角度予以考量。

---

  ① Greg Sivinski, Alex Okuliar, Lars Kjolbye, Is big data a big deal? A competition law approach to big data, European Competition Journal, 13:2-3, pp 199-227.

第四节　防范知识产权滥用的意见征求

(一) 防范已有专门立法的典型形态知识产权滥用相关的意见征求情况

1. 专利

对于我国反专利滥用问题，有全国政协委员提出，"未来我国将面对国际企业瞄准中国这个最大市场，抢占资源而导致中国民族企业难以有效组织竞争，并造成专利产品漫天喊价的泛滥情形"。对此，也有执法官员指出，"欧盟和美国是中国最主要的技术引进国，这也决定了中国很多高科技产业处于受制于人的地位，这同时意味着，专利许可人如果在专利方面做出任何不当行为，中国将会是受影响最大的市场"。① 因此，我国应明确反对专利滥用，进一步完善相关制度。同时，亦有一批国内科技企业集体抱怨海外公司滥用专利，他们也呼吁知识产权制度应有所调整，回归其"促进创新"的本意，否则难以形成公平竞争的环境。② 学者王先林教授提出，"知识产权不仅仅是保护的问题，而且是包括防止滥用知识产权在内的全方位、多环节的一个制度系统。实际上，发达国家在重视保护知识产权的同时，也非常重视防止滥用知识产权。甚至可以说，越是保护知识产权水平高、力度大的国家，其防止滥用知识产权的力度也越大"。媒体评论员魏英杰指出，"当前，不当利用专利权抬高创新门槛、攫取垄断利益等问题也不容忽视。这主要表现在，一些企业利用专利权，阻挡新兴企业进入相关竞争领域，或者利用独有的专利权垄断市场，抬高产品和服务价格。如有的企业动辄拥有数万项专利，令后进企业难以与之进行正常竞争。还有的企业在保护期结束后，仍然以技术升级、更新换代为名，继续把持市场垄断地位和价格优势。凡此种

---

① 林远：《发改委反垄断局长：执法新目标将是知识产权滥用》，http://www.chinanews.com/gn/2015/03-24/7152004.shtml，最后访问日期2019年7月2日。

② 张懿：《国内科技企业抱怨海外公司在知识产权领域采取不正当竞争》，http://sh.eastday.com/m/20121119/u1a7002980.html，最后访问日期2019年7月5日。

种,不仅让消费者权益受损,而且阻碍了技术进步和产业发展"。① 以上各界别的代表性意见整体反映出在强化严格保护专利的同时,也应明确反对专利滥用的一致态度。

在完善反专利滥用具体制度的问题上,

(1)对于专利滥用法律责任的体系化以及知识产权法与《反垄断法》衔接的问题,学者吴国平指出,"我国现行的知识产权专门立法,整体上都先于《反垄断法》出台,其中一些规定,自然难以与《反垄断法》的规定进行良性对接,难以形成反对知识产权滥用的合力。而我国反对知识产权滥用立法上的种种缺陷,客观上已经严重影响和制约着我国知识产权信用的塑造,因此,深入做好知识产权专门法规与《反垄断法》的衔接工作,是防范和遏制知识产权滥用等违法失信行为发生,构建知识产权良好信誉的当务之急"。学者张伟君则结合 2019 年公布的《专利法(修正案草案)》进一步指出,"在《专利法》中单独规定一个原则性的'禁止滥用专利权'条款,并没有多少实际价值,企图以《专利法》中的这样一个条款去统领不同部门法中的相关规制滥用专利权的规则,更是不切实际,反而与《反垄断法》第 55 条的规定存在重复,也与《专利法》第 48 条的规定存在重叠,同时缺少法律责任的规定而缺乏可操作性"。②

(2)关于限制竞争行为的强制许可救济制度,学者李剑指出,"《专利法》仅仅规定因被认定为垄断行为而强制许可是不够的,还需要对具体适用的条件有更为充分的规定才能化解这一风险,而这些具体的适用条件可以借助《反垄断法》核心设施理论来进行限制,其所包含的谨慎适用理念,以及较为完善的适用标准能够在很大程度上平衡促进创新以及促进竞争之间的冲突。从这一理论出发,只有当专利本身构成'核心设施',进而影响到市场竞争时,才有必要进行强制许可,从而消除强制许可被滥用的风险。"③学者彭

---

① 魏英杰:《整治"专利流氓"有利于技术进步》,http://opinion.people.com.cn/n/2015/0605/c159301-27106792.html,最后访问日期 2019 年 7 月 5 日。
② 张伟君:《聚焦〈专利法(修正案草案)〉滥用专利权条款解析以及修改建议》,http://www.chinaiprlaw.cn/index.php?id=5441,最后访问日期 2019 年 7 月 6 日。
③ 李剑:《专利强制许可与核心设施理论的适用——〈专利法〉第 48 条第 2 款与〈反垄断法〉的衔接》,《北大法律评论》2011 年第 2 辑。

心倩也建议,"强制许可制度的适用,应以正当市场价值为基础进行类别化区分,综合考虑个案情形专利使用费裁量标准,在精神利益上维护专利权人的身份标识利益与市场商誉并在程序利益上以预警制度为重点稳定专利权人合理期待。"①

(3)关于专利效力否定制度,学者柳福东提出"为提升专利权宣告无效程序质量,规范问题专利及滥用专利申请权的情况,应制定具有法律约束力的现有技术披露规则、引入无效宣告的简易程序审理模式,并对成功的无效宣告人设置第三方奖励机制等"。② 法官史兆欢则建议,"可以通过设计直接起诉的两审民事诉讼程序、复审委程序加一审终审民事诉讼程序或赋予法院司法变更权等途径完善现行专利效力否定制度所存在的疏漏"。③

关于以不诚信或欺诈的方式滥用专利救济权的问题,学者王先林建议,"对滥用知识产权诉权和行为保全措施的行为令其依法承担赔偿等法律责任,并对滥用知识产权排除、限制竞争的要依法承担垄断行为的法律责任"。学者陈华丽则提出,"非诚信地利用知识产权救济程序,现在愈来愈成为知识产权权利人打击竞争对手的有利武器,其在商誉和经济层面都可能给竞争对手造成很大的损失,并已逐渐引起各国立法和执法的注意。建议在对待滥用诉权或滥用警告函等非诚信地利用知识产权救济程序的行为时,也应完善相关诉讼制度"。④

(4)关于专利权滥用抗辩的制度性安排问题,早期曾有立法参与者提出,"我国《专利法》中限制专利权滥用的法律规则,不应当仅仅定位于消极的抗辩理由,还应当可以定位于积极的起诉理由"。⑤ 学者宁立志则建议,"对于尚不符合竞争法规制条件的专利权滥用行为,不应拘泥于美国抗辩事

---

① 彭心倩:《专利强制许可下的专利权人权益保障论》,《政治与法律》2019年第5期。
② 柳福东、黄运康:《专利权宣告无效程序质量控制研究》,《电子知识产权》2018年第11期。
③ 史兆欢:《专利无效制度的改革和完善》,《电子知识产权》2018年第8期。
④ 陈华丽:《论知识产权滥用的法律规制》,《知识产权》2017年第9期。
⑤ 国家知识产权局法条司编:《〈专利法〉及〈专利实施细则〉第三次修改专题研究报告》,北京:知识产权出版社,2006年版。

由式的规制模式,而应通过《专利法》等制度的完善,将该类专利权滥用行为制度化为抗辩事由的同时,也可赋予被控侵权人或第三人就该专利权滥用的行为提出反诉或独立进行起诉的权利,从而加大对专利权滥用行为的规制力度"。① 学者黄勇则认为"可借鉴美国强制性反诉制度的经验,在相关专利侵权案件中,通过适当的程序制度设计和安排,赋予被告能够及时提起反垄断反诉的权利,这对于节省诉讼成本、保障司法效率以及提高司法判决的既判力与确定性方面均具有重要意义"。②

以上各界的建议虽在具体制度设计的着眼点上各有侧重,但在反专利滥用的出发点及强化相关制度完善的意向上较为一致。

2. 商标

虽然我国学界对商标权滥用的内涵与外延的确定尚未达成共识,但不可否认,商标权滥用正逐步迈入主流研究视野。从《商标法》第四次修订可以看出,我国已经意识到恶意的商标侵权诉讼、商标抢注、恶意注册、商标囤积等问题的负面效应,因此在修法中上述几类权利滥用已或多或少被最新的《商标法》所涵盖,虽然个别规定缺乏可操作性,比如第四条要求商标申请要以使用为目的,否则可驳回注册申请,这对于缓解商标囤积问题具有积极意义,但如何判断"以使用为目的",则缺乏具体的衡量标准。此种"以使用为目的"更类似一种宣誓,缺乏相应的处罚措施。因此,学界对相关法条的理解仍存有争议。

如第六十八条对恶意商标侵权诉讼规定由人民法院予以处罚,但予以何种处罚,没有得以明确规定,这给实务操作带来了法条适用上的困难,需要后续出台具体的商标法实施细则。在调研中,较为普遍的观点认为现有《商标法》对几种商标权滥用的规制具有积极意义,但随着理论水平及实践的不断发展,仍需要对商标权滥用类型加强研究与规制,尤其是一些尚未被《商标法》纳入规制范围的权利滥用现象。针对恶意的商标诉讼,可以明确由人民法院进行判断并予以罚款等处罚;针对滥发商标侵权警告函、恶意投

---

① 宁立志:《规制专利权滥用的法律范式论纲》,《社会科学辑刊》2018年第1期。
② 黄勇、刘东屏:《专利滥用反垄断诉讼中强制性反诉的适用》,《人民司法》2013年第19期。

诉,则需要由商标局等监管部门予以警告等。针对不同的商标权滥用行为,需要规定不同的规制手段,方可达到预期的效果。

3. 著作权

美国版权滥用原则能够有效弥补著作权法和反垄断法之间的空缺,但适用范围有限。就《著作权法》而言,合理使用原则、法定许可原则对版权滥用行为的限制非常有限;《反垄断法》限制版权滥用行为,也仅限于版权滥用行为对市场竞争秩序造成损害,所以美国的版权滥用原则很好地填补了这一空缺。但是版权滥用原则仅作为抗辩事由,并非诉讼事由。即使版权滥用行为认定成立,版权人也只是暂时地失去获得救济的可能,滥用行为消除,版权人仍然可以再次提起诉讼。而且版权滥用抗辩事由仅用于版权侵权诉讼,无法应用于合同或者其他版权诉讼,所以适用范围还是相当有限。

欧盟的《欧共体条约》《技术转让集中豁免规定》及其配套指南均具有与时俱进的特点,但整体上过于繁杂。其适时地根据相关市场环境的变化做出调整,例如根据计算机技术的发展的普遍应用,及时扩大适用范围,将计算机软件版权许可协议等纳入规制范围。同时,欧盟版权滥用的竞争法规制思路还具有较强的确定性和可执行性,其以法律、条例及其配套指南的立法层次,使法律体系和内容更加统一和完整,提高了法律的可执行性。同时欧盟法院也通过判例的方式对版权滥用提出了具体的判断标准。有层次的法律规定和具体判例,使欧盟认定和规制版权滥用行为提供了更全面、具体的指引。在认定版权滥用行为是否受竞争法规制的时候,其主要采用经济分析的方法,将市场份额作为指标之一。既能提供更为准确可操作性的分析方法,也能为市场主体提供一个可量化的参照标准。但是欧共体的规定总体上较为繁杂,根据规定,企业在进行版权交易活动前需要进行大量的经济和市场分析,其经济性和效率性相对较低。

在我国,吴汉东教授则明确指出知识产权滥用以享有权利为前提。知识产权主体的行为方式违法,但是权利内容并不违法,其清晰地区分知识产权主体超越权利范围的行为与不当行使权利的行为并不相同。前者超出的内容本身不是受知识产权法保护的,所以可由知识产权法自身解决,而后者才属于真正的权利滥用,须交给竞争法来调整。李明德教授则认为,著作权、商标权等知识产权不存在滥用的可能,由于作品、商标等都具有可替代性;而专利技术方案则不具有替代性,可能存在滥用的风险。而滥用诉权等知识产权保护措施,应当认定为是民事诉讼法或者商业诋毁等问题,不应归入知识产权滥用的范围。王先林教授则认为,知识产权滥用的关键问题在于表象与实质的矛盾。其表象为行使知识产权;实质上超越知识产权的正当界限或者违背知识产权的设立宗旨。

从各国立法和实践经验来看,著作权法、竞争法等联合规制著作权滥用行为是主要思路。从其各自的优缺点来看,主要在于法律部门的协调问题和宽严繁简的把控问题。从我国学者们的意见来看,国内学界目前就知识产权滥用这一概念的内涵和范畴本身还存在较大分歧。

4. 集成电路布图设计

世界各国对集成电路布图设计专有权的保护程度有所差别。我国当初为加入世界贸易组织而选择与 TRIPS 协定相同的立场对集成电路布图设计进行保护,但目前为止依照相关法律制度判决的案件数量与专利法、著作权法等其他知识产权相关法律相比非常少,虽然从世界范围来看,这一现象并非中国独有,但仍有必要对现行制度的合理性进行反思:对集成电路布图设计的保护是否符合权利人的预期,是否存在潜在的权利滥用风险,是否促进了我国集成电路产业的发展?

法院认为:"《条例》第十六条及《细则》第十七条规定可以解释为提交复制件或者图样是获得布图设计专有权的必要条件,昂宝公司上诉认为,登记时提交样品,就应当以样品来确定专有权的保护内容与《条例》规定的基本精神不符,本院不予支持。"鉴于上述司法实践现状,应当明确在布图设计申请登记时提交的布图设计图样作为布图设计专有权的保护范围,一方面解决实践中存在的观点差异,避免可能存在的权利滥用问题;另一方面促使申请人在申请登记时提交完整清晰的布图设计图样。

5. 植物新品种

国际背景下,发达国家以 TRIPS 为制度工具,强调育种者利益之保护,而发展中国家则以 FAO(联合国粮食及农业组织,food and agriculture

Organization of the United Nations)为平台,为农民利益发声;①CBD 与 UPOV 公约之间的冲突,使许多发展中国家对 UPOV 公约的适当性提出质疑;2001年印度的《植物品种保护和农民权益保护法》则开辟了不同于 UPOV 公约的双向保护制度,即在对育种者研发品种进行保护的同时,也对农民培育品种和农民留种权利予以保障;而非洲联盟成员国则通过遗传资源相关立法对植物品种和农民权利提供保护。② 在国内,对农民权利的限度问题,仍存在不同的声音,提出限制农民权利的学者认为,品种权与农民特权存在天然的矛盾,鉴于我国农业生产方式的改变和农民生活水平的提高,将留种规定为农民绝对特权已经不甚合理,应采用有限制的农民留种与国家政策补贴相结合的方式;而支持加强农民权利的学者认为农民利益得不到保障将影响我国植物遗传资源的可持续利用。虽然从趋势上来看,农民购种的体量在不断增加,但是自留自用仍然是一项基本的农业传统,法律不应将其封死,而是可以根据我国的种植结构和农业政策对适用农民特权的植物种属名录做出调整。

(二)防范尚无专门立法的非典型形态知识产权滥用相关的意见征求情况

1.商业秘密

尽管该地区以外国家/地区的法律和惯例在处理滥用商业秘密的规则的严格程度上有所不同,但一个共同的特点是它们关注商业秘密的效率因素并遵守利益平衡原则和基于效率的原则。特别是由于商业秘密的机密性,权利人为保护商业秘密不被泄露而采取的限制性措施是合理的,相关信息被保密,不受反托拉斯法规的约束。但是,商业秘密许可可以掩盖竞争对手实施固定价格或分割市场的行为。例如,在允许商业秘密的过程中,为了限制竞争,实施了区域划分、捆绑、定价等。对于这些限制性行动,尽管适用统一的反垄断规则,但应考虑受管制客体的特殊性。

---

① 吴立增,黄秀娟,刘伟平等:《基因资源知识产权理论》,北京:科学出版社,2009年,第14-15页。

② 李秀丽:《植物品种法律保护制度国际比较研究》,北京:知识产权出版社,2014年,第11页。

有鉴于此,商业秘密的机密不能作为扩张商业秘密所有人权利边界的借口。若商业秘密权利人以商业秘密为工具实施垄断行为,要进一步判断该协议是否对相关市场造成竞争损害。保护商业秘密的保密性可以作为合理情形之一。如果商业秘密所有人声称为了保护其商业秘密的机密性和有效性而从事包括拒绝许可,捆绑和限制交易在内的活动,则他应注意这一辩护并判断其从事滥用市场支配行为的动机。

2. 遗传资源和传统知识

为了响应 CBD 对遗传资源利用提出的若干要求,TRIPs 开展了多轮关于遗传资源和传统知识的讨论。在讨论中,对专利法中来源披露的强度,大致形成了三种主流意见:包含惠益分享证据的强制性披露、不包含惠益分享证据的强制性披露和非强制性披露。① 发展中国家提出了四项来源披露所应具备的目标,其中就包含"应有助于惠益分享制度的实施",②但发达国家认为,赋予专利法这种制度目标将对其运行效率产生阻碍。在国内学界的讨论中,学者们亦有上述分歧。根据我国《专利法》目前的披露要求,以及我国未形成统一的惠益分享制度的现实情况,我国现阶段采用的是不包含惠益分享证据的强制性披露。传统知识在来源披露方面与遗传资源的争议具有一致性,不同的是,传统知识作为现有技术进而排除不当使用的过程中,存在一个文献化的问题。国际上传统知识保护组织大多都认可传统知识登记、文献化的防御作用,我国也在进行传统中药专利资料库的建设,但文献化亦有弊端,即"狼羊理论",它使得本处于秘密状态或者流通于社群内部的传统知识公之于众,反而助长了滥用行为。

(三) 防范数据信息潜在滥用风险相关的意见征求情况

对于数据收集或使用可能引发的竞争法问题,存在两方不同的观点,有

---

① 张小勇:《遗传资源的获取和惠益分享与知识产权》,北京:知识产权出版社,2007 年,第 329-331 页。

② 梁志文:《TRIPS 协议第 29 条与遗产资源来源披露义务》,《世界贸易组织动态与研究》2012 年第 1 期。

③ 李发耀:《多维视野下的传统知识保护机制实证研究》,北京:知识产权出版社,2008 年,第 95 页,有

的观点认为大数据本身并不存在《竞争法》中所列问题,利用竞争法工具干预数据收集和使用会阻碍市场创新,不仅不能营造良好的竞争环境,反而会造成平台经营者创新停滞和恐慌。在缺乏经验证据、有力的理论,以及法律先例的情况下,在这个领域没有理由对反垄断法和大数据感到担忧。但也有学者认为数据交易市场中会存在竞争法问题,例如有观点认为评判大数据对竞争的影响时需要大数据作为产品或服务的一个组成部分(第三方数据)提供给第三方时,可能会产生反垄断问题,但在这种情况下,可以使用传统的方法来检验相关的竞争效果。许多行业的公司都收集关于自己资产和产品的独特且不可复制的数据。尽管这些数据集将会越来越有价值,并且具有重要的竞争力,但它们的收集、使用和组合似乎不会引起反垄断方面的担忧,除非涉及它们所使用的市场。随着反垄断机构对大数据问题的思考不断深入,它们将需要更密切地关注不同类型数据所带来的问题,以及企业使用这些数据的方式。反垄断执法机构还需要开发新的方法来评估没有市场价格的第一方数据的可替代性,并将收集和使用此类数据引起的问题与使用算法引起的不同问题区分开来。还有些学者尽管认同利用竞争法干预数据交易市场,但是其认为应当谨慎对待数据收集与使用问题。例如对于数据是否能够构成"关键设施"问题,认为只有确认大数据是独特的,对于特定市场的竞争确实是必不可少的,同时竞争对手创建或复制数据存在经济、技术或法律上的障碍,大数据才能被视为不可或缺的工具。此外,还应考虑强制共享对创新的具体影响,以衡量关键设施理论在大数据领域实施的得失。

六、结论与建议

(一)防范专利制度滥用的建议

第一,我国目前作为技术引进国及处于核心技术攻坚阶段,在强调严格保护专利的同时,也应明确反对滥用专利阻碍技术传播、限制市场竞争,同时,相比于其他知识产权客体,专利的滥用风险更为显著且与技术强国的联系更为紧密。因此,建议在知识产权强国战略的"专利专项任务"中应特别明确和强调反专利滥用的态度和立场。

第二，囿于专利滥用行为存在不同的法律性质差异，多归属的法律责任体系是强化和完善反专利滥用制度的有利选择，但过于分散的形式和粗疏的框架又易引致适法的不确定性和弱权威性。因此，建议在未来的立法中，应进一步明确《专利法》《反不正当竞争法》与《反垄断法》之间的衔接关系，并对分散于不同法律制度中涉及专利权滥用的不同责任形式予以梳理，对法律责任的判断、认定、归责、免除、追究进行系统和更为明晰的规定，做到"依法归责""责罚相当"，形成科学合理的专利滥用法律责任规制体系。

第三，在关涉限制竞争行为的强制许可救济问题上，《专利法》的规定仍旧过于简单，存在被滥用的风险。因此，建议应进一步结合《专利法》的利益平衡理念及《反垄断法》的理论，对具其体适用的条件进行更为充分的规定。

第四，问题专利等滥用专利申请权情况的存在，对于提升专利质量及平衡公私利益而言构成不利影响，因此，建议从现有技术披露规则、诉讼程序优化等方面进一步完善专利效力否定制度，以治理实践中滥用专利申请权的问题。

第五，以不诚信或欺诈的方式滥用专利救济权的行为愈发成为知识产权权利人打击竞争对手的有利武器，因此，建议明确对专利恶意诉讼、虚假诉讼、懈怠行为、标准必要专利诉讼滥用、不当寄发专利侵权警告函等专利救济权的程序性滥用行为的规制，并应注意《专利法》《反不正当竞争法》与《反垄断法》之间在此救济制度设计问题上的衔接问题，同时应结合实际需要，对专利权滥用抗辩做出制度性安排。

第六，对于标准必要专利问题，应在执法、司法实践中，准确界定FRAND承诺的法律性质。出台指导性文件，以专利权人、标准实施者及社会公益三者间的利益平衡为导向，确立处理标准必要专利之上权利滥用行为的基本原则，以增加对FRAND条款之法律解释的稳定性与可预测性。

(二) 防范商标制度滥用的建议

第一，建立商标权滥用诉讼的程序制度。当前的私法审判中，少有直接以"商标权滥用"为诉由提起的侵权诉讼，多表现在商标侵权案件中，他人以"商标权滥用"作为抗辩理由，即商标权滥用诉讼并非是针对恶意诉讼的反赔诉讼。但是,在该类诉讼中,不侵权人无法就商标权人滥用权利提出赔偿要求,因此针对滥发侵权警告函等商标权滥用行为,理应可以提起商标权滥用侵权诉讼。

第二,采取相应的赔偿措施。对于认定了构成商标权滥用的案件,应该与其他的商标侵权案件一样,规定民事赔偿,甚至要加大民事赔偿力度,以此警示商标权人不要滥用其权利,从而规范商标市场的健康发展。当然,对于赔偿数额的设置,可以参考其他知识产权案件赔偿责任的确定方式,包括商标权滥用导致他人直接的财产损失、间接丧失的交易机会等。

第三,建立合理的先用权保护制度。立法不仅要保护商标先用权,也应扩大至商号、企业名称、域名、包装装潢等广义的商业标志,以实现法律的公平合理。目前的商标法对商标先用权的规定仅限于狭义上的商标,而没有明确规定适用于广义的商业标志,但这些商业标志在市场中经过长期使用,也能够发挥区分、识别来源等作用,并且可以承载商誉,影响消费者的购物,因此需要对此予以重视。

第四,改变司法裁判思路。我国长期实行单一的商标注册制,传统观念认为据此取得的商标权效力是至高的,可以对抗其他商标使用行为,但是随着商标理论的不断发展,我们不断认识到商标使用的价值以及商标的符号学意义,未经使用的单纯的注册商标并不具有市场价值,因此司法裁判的思路也在不断发生改变,开始重视商标的实质意义,这对于我国商标司法进程的完善意义重大。① 在审判中,面对商标权纠纷,需要摒弃形式标准,转而采取实质标准,在具体个案中探究行为所引起的客观效果,以此现实商标审判思路的转变。

第五,制止恶意商标抢注。在我国现有的注册制度之下,出于对市场竞争利益的追逐,总会有人利用该制度缺陷而实施不正当的利益攫取行为,即恶意的商标抢注或者囤积,并以此提起恶意侵权诉讼,因此对商标抢注的打击势在必行。当然,对商标恶意抢注中恶意的认定是重中之重,其又涉及诸多判断因素,在法律缺乏明确规定的情况下,亦只能交由法官在个案中进行

---

① 宋健:《商标权滥用的司法规制》,《知识产权》2018 年第 10 期。

认定。

(三) 防范著作制度滥用的建议

针对目前著作权滥用情形,在缺乏统一规制制度的前提下,还是应当首先回归《著作权法》,同时联合竞争法构建著作权滥用规制体系的主体框架,集合《合同法》《诉讼法》等法律制度,补充空缺,加强特殊领域的规制力度,建立系统、协调的著作权滥用规制体系。

现行《著作权法》第四条第二款的原则性规定应进一步在其他规则和制度中得以体现。首先,合理使用权利化,可作为著作权法规制著作权滥用的新思路。目前,著作权滥用本身可以作为侵权抗辩,但著作权滥用是否可诉的问题还尚存争议。例如,著作权人使用技术措施,严重限制公众对该作品的合理使用,应当构成滥用技术措施,但其是否可诉,立法和司法实践尚未给出答案。因此,将合理使用权利化,赋予著作权滥用的可诉性,可以在网络环境下更好地平衡著作权人和公共利益的关系。其次,可从著作权法的角度,宣布不当限制或取代著作权法中规定的著作权例外和限制的合同条款无效,以弥补合同法规制此类合同的缺陷。再次,为著作权人附加提供作品必要信息的义务。若著作权人采取必要的技术措施限制社会公众接触、控制作品,则其应至少公开作品的简介等部分内容,给予消费者足够的信息,进行消费选择和判断,以保障其知悉权、选择权和公平交易权等。最后,著作权法还应对合理有效的技术措施进行严格限制,从手段、目的等方面,进一步明确。

从《著作权法》《合同法》等私法的角度规制著作权滥用行为有其明显的局限性,毕竟私法仍然以私权为权利本位。而《竞争法》《诉讼法》等公法则能从公共利益的角度,更好地平衡著作权利与社会公益。首先,运用《竞争法》规制著作权滥用行为,应明确《竞争法》规制的不是著作权制度本身,利用著作权制度获得市场支配地位本身也不具有可规制性,其仅规制滥用著作权损害市场竞争秩序的行为。就《反垄断法》而言,虽然其中已有部分条款涉及知识产权反垄断的问题,但相对抽象和概括,可执行性不高。立法机关应加快推动《关于滥用知识产权的反垄断指南》和《关于滥用知识产权的反垄断执法指南》等配套规范性文件的制定和发布。其次,从诉讼法的角度,保留侵权抗辩制度,将其用作反制著作权滥用的有效措施,同时确认著作权滥用可以作为确认不侵权之诉和反诉的理由。

整体上,可通过《著作权法》的更新和《竞争法》(尤其是《反垄断法》)的具体化,组成规制著作权滥用行为的主要制度框架,并以《合同法》《诉讼法》等部门法为补充,组建系统化、统一化和协调化的著作权滥用规制体系。同时,尽快调整《合同法》《反不正当竞争法》中的相关条款,改封闭式列举为开放式列举,以适应社会发展的实际需求。

(四)防范集成电路布图设计制度滥用的建议

当下,应当重点关注如何加强集成电路布图设计专有权的有效利用,促进集成电路产业发展方面。其中有效利用强调集成电路布图设计专有权的有效实施,不包括不实施或不充分实施且拒绝许可等有悖于集成电路布图设计保护制度初衷的权利滥用行为。在判断行为是否构成权利滥用时,需要以促进集成电路产业发展为目标,结合其他法律制度,以及平衡各方利益谨慎做出判断。

(五)防范植物新品种制度滥用的建议

根据我国既有的植物新品种保护体例,应尽量避免对《植物新品种保护条例》的颠覆性改革,可通过增加权利限制内容,结合我国正在推动的遗传资源相关立法活动,明确农民对育种初次创新所应享有的权益。具体来讲,可包含以下措施:增设品种先用权制度,当先用人通过合法来源已事先实施了植物新品种的生产销售,应当允许其在品种权人获权之前的规模和范围内继续实施相关行为;增设实施性与交叉性强制许可,对于品种权人具备实施条件却不积极实施品种权,以及同一品种及其育种方法分属于不同品种权人和专利权人的情况下,可实施强制许可;此外可通过《种子法》等对植物种质的基因终止技术做出禁止性规定或相应限制,以防此类技术对我国粮食安全与生物安全产生潜在威胁。

(六)防范商业秘密滥用的建议

相关立法和执法、司法活动应注重依法打击滥用商业秘密制度,排除、限制市场竞争的行为。妥善处理保护商业秘密与规制商业秘密滥用之间的关系,保护市场竞争秩序,维护职工自由择业等合法权益。

(七)防范遗传资源和传统知识滥用的建议

我国《专利法》引入遗传资源来源披露制度后已经初显成效,但来源披露的对象应进一步扩充,根据国际规则和产业现实的演进,遗传资源衍生物已经得到《名古屋议定书》和多数生物多样性较为丰富的国家的认可,我国的来源披露也应及于衍生物。此外,来源披露的披露要求以及未履行要求的责任所存在的问题症结就在于获取与惠益分享立法的缺失,故我国应大力推进《生物遗传资源惠益分享条例》的出台,可要求利用我国遗传资源申请专利的行为满足包含事先知情同意与惠益分享证据的强制性披露条件,同时又能够与专利法中的违法不授权条款形成闭环。传统知识的防止滥用方面,应推动其专门权利的立法,或依托遗传资源的惠益分享条例将其一并纳入来源披露的范畴。在文献化的过程中,可采用分层登记制度,分为保密记录、社区登记与公开登记。对于社区成员希望予以保密的传统知识,采用完全保密的记录方式,材料信息不予公开;对于可以公开的传统知识,区分社区登记与完全公开登记,社区登记层面可详细记录传统知识的各方面信息,而公开登记则仅包含相关知识的介绍性、非关键性的技术信息,如果使用者有意获取,则应进一步寻求社区授权。

(八)防范数据信息滥用的建议

第一,数据是否构成"关键设施",需个案判断。特别是在判断数据是否具有可替代性时,需要考虑数据所执行的功能,重新编码、用于生成其替代品的技术,数据功能之间的重叠程度,市场对此类数据的需求的性质和程度等。

第二,数据所处的市场需要根据数据的不同性质予以个案判断,可以将数据分为"产品"、其他产品"原材料"或不具备任何商业用途;也可以将数据分为"第一手数据"(first-party data)与"第三方数据"(third-party data)。

第三,现阶段改变合并审查标准中的市场份额标准尚未时机成熟,可以在数字经济产业发展的过程过考察是否可以将交易额作为考量标准。

第四,消费者隐私安全问题原则上由数据保护法律规范予以调整,但是在市场主体具有支配性地位的情况下,可以将消费者隐私安全问题作为竞争损害的考量因素之一。

参考文献

[1] 吴汉东.知识产权法(第5版)[M].北京:法律出版社,2014.

[2] 姜明安.行政法与行政诉讼法(第6版)[M].北京:北京大学出版社,2015.

[3] 邓建志.WTO框架下中国知识产权行政保护[M].北京:知识产权出版社,2009.

[4] 杨敏.知识产权保护法律状况实证研究[M].济南:山东人民出版社,2016.

[5] 孟鸿志.知识产权行政保护新态势研究[M].北京:知识产权出版社,2011.

[6] 甘绍宁.国家知识产权事业发展"十二五"规划研究[M].北京:知识产权出版社,2012.

[7] 朱淑娣.中美知识产权行政法律保护制度比较:捷康公司主动参加美国337行政程序案[M].北京:知识产权出版社,2012.

[8] 刘平.知识产权协调保护研究[M].北京:知识产权出版社2012.

[9] 最高人民法院民事审判第三庭.中国法院知识产权司法保护状况(2009—2013)[M].北京:人民法院出版社,2014.

[10] 吴汉东.知识产权基本问题研究[M].北京:中国人民大学出版社,2009.

[11] 杨解君.WTO下的中国行政法制变革[M].北京:北京大学出版社,2005.

[12] 最高人民法院知识产权审判庭.中国法院知识产权司法保护状况(2016年)[M].北京:人民法院出版社,2017.

[13] 中国人民大学知识产权教学与研究中心.中国知识产权发展报告[M].北京:清华大学出版社,2016.

[14] 黄宇蓝.中美知识产权三十年[M].南宁:广西人民出版社,2013.

[15] 贺小勇.WTO框架下知识产权争端法律问题研究.[M]北京:法律出版